U0098243

K 凱特文化 愛旅行 49

熱血!! 愛呆丸

作者 TOBY（黃婷璟）| 攝影 Sandro Lacarbona（S 大叔）

發行人 陳韋竹 | 總編輯 嚴玉鳳 | 主編 董秉哲 | 責任編輯 董秉哲

封面設計 Transform Design Studio | 版面構成 Transform Design Studio

行銷企畫 許雅婷、李宸謙 | 印刷 通南彩色印刷有限公司 | 法律顧問 志律法律事務所 吳志勇律師

出版 凱特文化創意股份有限公司

地址 台北縣 236 土城市明德路二段 149 號 2 樓 | 電話（02）2263-3878 | 傳真（02）2263-3845

讀者信箱 service.kate@gmail.com | 凱特文化部落格 http://blog.pixnet.net/katebook

劃撥帳號 50026207 凱特文化創意股份有限公司 | 營利事業名稱 聯合發行股份有限公司 | 負責人 陳日陞

地址 台北縣 231 新店市寶橋路 235 巷 6 弄 6 號 2 樓 | 電話（02）2917-8022 | 傳真（02）2915-6275

初版 2011 年 8 月 | ISBN 978-986-6175-35-0 | 定價 新台幣 260 元
版權所有 翻印必究 Printed in Taiwan | 本書如有缺頁、破損、裝訂錯誤，請寄回本公司更換

T̈OBY

騎屁股的還還有粉絲專頁
www.facebook.com/hereistoby
以及沒事發發旅遊軍餉的
部落格：www.hereistoby.com

不想承認自己是魔女座的三十歲熟女，出生於台中海岸邊，從小講話伴隨著台井腔和海口音，自認為海線大姊，個性激不得，國中時因放牛班老師一句「賭你考不到學校」，神經從此錯亂、奮發向上，造就十幾年後莫名的求學之路，唸過會計統計學，學過景觀建築設計，畢業於土木研究所，最後跑到學當藝文科實習老師，拿到教師證當天，家中老母就發現此女「出門算不見，回家是撿到」，2006年開始每天10美金的貧窮流浪路金，喜歡長時間的旅途，時間很多，所以喜歡慢慢走，搭巴士、便車或徒步，最好可以走進當地一個月，一路上做著生命中且以為的「著猴」（編按：台語意味正經、瘋瘋癲癲的樣子，有如猴子附身一樣。）大事，3分鐘決定5天騎著腳踏車跨越西藏，帶著九千塊台幣到澳洲留學打工一年，印度旅行了六個月，該死地交了個機車法國男友S、總想老法在台灣一花光積蓄遊山玩水一年……。工作？她沒有工作，時間？她有很多時間！聊天？只要關於旅行，三天二夜都說不完！

關於長途旅行：泰緬邊境、騎車西藏、日本打工度假、中部的鄉間釀三千櫻清酒，斯里蘭卡、印度、尼泊爾、泰國、緬甸、越南菲律賓澳門、韓國、澳洲打工度假、香港中國、西藏（以單車橫越 4拉公路）、寮國柬埔寨、新加坡、印尼……

19xx 台灣台中出生，摩羯座
2005 山仔后壁美軍宿舍侍習參與式競賽－優選
2005 入選華山藝文特區－達達城市創意市集
2006 背著背包離家出走旅行去
2006 第一本又能在某些名立圖書館找到的英文繪本「A watermelon seed」
2009 台灣觀光局「世界最棒的旅行」競賽入選全球列席
2009 台灣觀光局「世界最棒的旅行」競賽獲選 深度探遊獎
2010 獲第一屆敗家築夢想！Can 圓夢計畫首獎
2011 終於親手辦了3－場攝影展－【看見·世界另一邊】緬甸·泰緬邊境公益攝影＆義賣展
2011 第六屆全球華文部落格大獎作開旅遊類決選入圍

Ÿandro Lacarbona

法國人，還沒旅行前，住在豔陽高照的普羅旺斯省。
20歲左右的精華歲月，貢獻給 Marine Nationale Français
(編按：法國海軍)因為腦袋燒壞，崇拜藍波進入海軍突
擊隊 Commandos Marine，專長為高空跳傘、小艇登陸、夜間
模擬行動、冰地潛水、自由博擊、炸彈製作、爆破之
硬戰殺敵人手等。30歲時，突然對旅行著了魔，變賣家產

出門流浪，多年來腳步總在亞洲各地徘徊
因對中文的好奇來台學習華語，驚奇台灣
的美好，決定用影像「愛采如」，天天抱著
相機出門會同好。年輕時不懂事，喜
歡重量訓練、當過肉體模特兒，曾
獲得 Côte d'Azur 重量訓練冠軍。
現在年老色衰，喜歡旅行、攝影，
曾獲2009年新光 三越 國際 攝影
耳結展 且前為知名線上影像公司 Alamy 簽約攝影師
個人網站：www.tetedechat.com (歡迎想學中文的外籍人士一起學)

關於長途旅行：Spain, Portugal, Italia,
Germanie. USA (Florida, California, Nevada)
Marocco, Egypt, Russia, Mongolia, China
Japan, Tibet, Nepal, India, Thailand
Laos, Cambodia, Malaysia, Singapore,
Indonesia, Australia, Vietnam,
Macau, Philippines, South Korea, Taiwan
SriLanka and Myanmar.

1976 法國土魯斯出生，南法人
2006 開始背著相機展開環球之旅
2008 時間不貞其地眠移於泰緬邊境拍攝毒梟照片型枝
2009 新光三越國際攝影大賽，實圖特別獎
2009 台灣觀光局「全世界最棒的旅行」競賽，入選全球引錦
2009 台灣觀光局「全世界最棒的旅行」競賽，獲選浮屠旅遊獎
2010 獲第一屆啟動夢想 I Can 圓夢計畫首獎
2011 終於萊手舉辦了一場攝影展 -【看見·世界另一面】連句。
     泰緬迎哦公益攝影公義畫展

→ 目錄

··
初遇 S 時，
正在旅行中

看著自己從流浪的生手一路摸索成為背包客，這快五年的回憶都在一張張的照片與腦袋裡；一開始的我，因為英文不好，所以第一站選了中國、因為喜歡西藏與藏傳佛教而前往西藏、因為一路上計畫趕不上變化，讓我從幾個月的旅行，變成一趟超長途旅行。

這是我跟 S 大叔的相遇的故事，在四年多前的雲南麗江古城。那時的我還很白晰，我們使用破爛的英文試著溝通、討論旅行的意義 …… 那時的我們不是情侶。

當時我睡在八人房一間的 Dorm（編按：指背包客投宿的 Youth Hostel 裡，像宿舍一般較多人數的房間。）裡，床位就在房底的窗戶旁，清晨會有極亮的光線灑落，這家青年旅館因為沒提供儲物櫃，因此我的床邊小空地也變成了大家的儲存場所。

那是一個早晨，我睡在下鋪，風吹著我的床簾，飄盪的綠色布料搖醒了我，我拉開床簾子坐起身來，看著麗江依舊美麗的日光照耀在我的身上，腦袋還帶著一點睡意，近視度數頗深的我，不急著戴上眼鏡，趁著正朦朧的美，享受就這樣坐著的時光……這時，聽見一點腳步聲，我知道這是昨日才住進的外國男性，也是房間的唯一的西方臉孔；為了便宜、我跟一路旅行的朋友選了男女混合間，出門在外，其實性別沒那麼計較，互相體諒、保持安靜整潔，這一路也住得很平安舒適。

定眼一看，這老外走到了我床旁，開始搜索他的背包，似乎是在找尋東西。

找到了！他拿起一條小到不行的藍色毛巾，慢條斯理地擦拭著身體。

是的！這個外國人才剛從公共浴室沖涼結束，穿著貼身的四角內褲，緊緊包裹著他的小屁股，這時視線不清的我，將眼鏡緩緩戴上，認真屏息地看，心想：『不看白不看！這麼養眼，我的媽呀！』哟哟～混合間也是會有這

麼好康的事。（天啊！頓時我變成了師奶。唉～年紀大的女人最難招架的是肉體的誘惑，寫到這可以發現，從頭到尾我都沒注意到他的臉。）

溜滑在肌膚的水珠，隨著毛巾一吋一吋地消失，古銅色的肌膚，沒有一絲毛髮（話說，這傢伙當時心機很重耶！剃什麼胸毛啊？！），擦拭到腹部時還隱約看見那八塊的腹肌，陽光把他的身體照射得如雕塑一般的美麗。

Oh！My God～真的是太養眼了！今天不用出門看風景，就已經賺到了。免費的養眼秀結束後，我嘆息了一聲，然後對著他微笑了一下，拿起牙刷，走了出去，讚嘆著不認識卻白白看了一場秀，真是棒！

15 分鐘過後，我的中國旅伴跟這外國人聊起天來了！

30 分鐘後，他們決定一起去吃飯，還詢問我們女孩子要不要一起跟，我看著他對我說：「你好！My name is Sandro.」

（唉～怎麼會認識了呢？）

於是，幾天後我們一起旅行，沿路有所爭吵在所難免，打打鬧鬧也是很經常的事，不過 S 嘴賤得令人討厭，在文化上、觀念上，東西方真的有好多東西需要磨合。一年後的我們成為情侶，這真的是活見鬼了！我們是從流浪血淚中拼出來的感情，從無數爭論中吵出的深情啊！

這是我們相遇的故事，而未來，真的很難說，想當然爾旅行也是。很多時候其實也會規劃一些路線，但不知為何，在不同的地點、遇見了不同的人事物，流浪的過程便不在自己當初所想的計畫裡了。

可，這就是旅行，這也就是愛情！老實說，沒有所謂驚心動魄的一見傾心，沒有因偶遇幾天所造就的牽牽掛掛，我們擁有的是一起創造的故事。

誰是 S 大叔？

在台灣時，年屆三十歲，參加了一些不是很熟的朋友、同學或是親戚聚會場合，忽然開始可以感受那麼一點「為什麼一定要有假熟的聚會呢？」，然後在一場莫名的閒談後，我下的一個結論是：「S 大叔，你真是可憐」。

A 女拿著杯子，在一片閒談中不知道要找誰聊天，剛好我落單了。於是基於禮貌不想讓我一個人看起來孤單，但依稀中卻也忘記有我這個朋友，因此開始了話題。

A 女：「好久不見！大家年紀真的都大了。」

TOBY：「對啊！」

A 女：「在哪上班啊？結婚了嗎？」

TOBY：「沒結婚！也沒上班。」

A 女：「失業了啊？那有男朋友嗎？」

TOBY 笑笑地回：「也不是失業，只是想不到要做什麼樣的工作比較有趣；嗯！有男朋友。」

A 女：「這麼好不用上班，男朋友養妳喔？」

TOBY：「⊙⊙～他沒養我耶！」

之後，年過三十的女人話題，開始在男人身上了。

A 女一臉狐疑：「是嗎，你們交往多久了啊？」

TOBY：「今年交往滿四年、認識五年了！」

A 女開始好奇了起來：「他幾歲了啊！」

TOBY：「=..=！35 歲了！」

A 女尖叫地問：「那你們還不結婚啊！？」

TOBY：「他沒說要娶我，他說如果會，應該是在 2030 年。」

A 女開始呈現 Pity 的安慰表情:「他開玩笑的吧!那他在哪上班啊!」

TOBY:「我覺得應該不是開玩笑耶!^^～ 他沒工作。」

A 女:「什麼!也無業喔!要介紹工作給他嗎?他是學歷怎樣!什麼樣的專長?」

TOBY 喝了一口飲料:「高中畢業就去當海軍突擊隊了!專長......我想應該是消滅敵人吧!」

A 女驚訝地問:「不用工作?妳又不擔心,那他家境應該不錯。」

TOBY:「沒耶!父母是平凡的上班族,家境談不上什麼好不好。」

A 女表情已經出現我無可救藥的地步了:「妳一定很愛他,他長得很帥嗎?但是聽起來好像很不安全。」

TOBY:「帥??哈哈哈～我男友長得很普通,就一般大叔的魅力。」

這時,A 女心裡應該在盤算怎麼又出現一個腦殘女愛上長得像大叔,搞不好還沒頭髮又無所事事的男人,臉部的表情呈現出,即將脫口拯救我脫離苦海的模樣;我望向一旁比較熟識的朋友,正跟別人談得熱絡,而我這裡已經陷入僵局了!

我覺得我應該出現一個答案,賓主盡歡或是馬上可以明瞭,對!沒錯!應該下個猛藥。

因此我笑笑地說出:「他有很棒的下半身。」然後轉身找我朋友。

A 女:「......」

唉～S 大叔你真可憐,在台灣社會的對談中,你只剩下這唯一的長處了(拍肩)。

所以,現在要說的是,關於我的宅男情人──「S 大叔」。

在整本旅行故事開始前,我想大家似乎要瞭解一下像靈魂一般遊台灣的老外是誰?(啊!我的意思是:本書的靈魂人物。)

幾年後的今天，終於英文有比較好，可以去問問 S 大叔實際上到底在法國的時候做些什麼？

結果～果然是不知長進的傢伙？（我以目前台灣的社會觀感來評論。）

嚴格說起來，以拿到畢業證書為準，宅男竟然只有「國中畢業」，這讓我驚訝得說不出話來。原因是：宅男大叔雖然為了能進到軍隊，而念了高中，但是以他機車的個性，根本不甩是不是拿到畢業證書。

當他收到軍校入伍許可時，連高中畢業考也沒去，就奔向沙場了，根本是神經病一個！以致於算是國中畢業嗎？聽起來的確很蠢！但 S 特別強調，想要進這軍事重地沒那麼簡單（呦！有這麼難就是了！），所以這精華的歲月他到底去了哪裡？

「Marine Nationale Français」

因為「崇拜藍波」而選了海軍突擊隊 Commandos Marine，這個「藍波」還真的造就了不少男生走入發神經的階段？看起來真的比較帥嗎？我忍不住問了一句「所以你的專長是殲滅敵人？」得到的回答是：「也不是這樣說。」所以你們到底都在幹嘛？讓我真的很狐疑！「嗯！高空跳傘、小艇登陸、夜間模擬行動、冰地潛水、自由搏擊、炸彈製作、爆破等等。」大叔一邊想一邊說著。

「啊～這不就是殲滅敵人！」還說不是，這專長聽起來也給他太恐怖了一點吧！

可三年後，他放棄了軍職，這事讓我更匪夷所思，事情搞得這麼大？

先考試、智力測驗，然後選出一萬個志願者，再從一萬個裡選六百個，再選八十幾個、然後再特訓選三十個，最後在依照特訓成績排名，這跟選藍波還真沒什麼兩樣！結果老兄他一個不爽？因為他發現不能跟藍波一樣做想要做的事！所以大喊「老子不幹了！」就這樣掰掰！

我瞪著大叔，不禁想這人腦袋到底是裝了什麼？大便嗎？我真的猜不透啊……

自行退役後的宅男，人生就沒什特別的了！

除了在他三十歲那年，忽然變賣所有家當、決定環遊世界之前，還真的挺普通的，就是當當貼身保鏢，「不爽！不做！」；離家出走前的工作是「賭場維安人員，平時兼差做做身體模特兒！」（為什麼只有身體呢？因為他老兄說，在法國他實在不是俊美帥哥，體態美臉不美的意思啦！唉呦！想當初第一次見面，我也是看見肉體先的。）

S 大叔離開法國，2011 年 6 月就滿五年了！

目前擁有的就是一個 70 L 包包、一台蘋果電腦以及一台 Canon 單眼。

對自己感到驕傲的事——「到泰緬邊境當志工教授法語。」←完成。

這一生一定要做的夢想——「騎著破爛裝備穿越西藏。」←完成。

目前的目標——「把中文學好。」←看樣子是學不好了！

繼續要做的事——「把世界走完前不回家！」

這輩子最料想不到的事——「和 TOBY 交往！」←有這麼吃驚嗎？我才比較吃驚！

他 35、我 32
現在我們不結婚

我的剩女路途中，說情史其實也沒幾位，認真論起來還有點乏善可陳，大叔是我生命裡第4位男人，但是第1位洋鬼子。

老實說我的法國情人夢，真的是莫名其妙的夢了，到現在還一頭霧水。

大叔這個人說怪，還真的很怪！

是一個喜歡與自己作伴的人，應該說是一個享受一個人獨處、喜歡孤獨的人，然而在這樣的前提之下，生活中或者說生命中，忽然多了一個「TOBY」！

意思也就是說，除了照顧自己外，還是要留點神看顧一下我這個——「從旅伴儼然躍升為女友的人」，每每在深夜長談中，總是不禁聽在他在口中碎碎念……

——註：「」為S、（　）為 TOBY 的 OS——

「怎會遇見妳呢？世界很大，我們卻在中國麗江相遇！」

（啊咧！我怎會知道呢？這時我心中也不斷冒起疑問？）

「而且作夢也沒想到我的女朋友是台灣人？我從來都沒想過台灣這個國家？」

（咳！我也沒想到我現在男朋友是法國人，我家人都快嚇死了！）

「妳說這是不是冥冥中註定我們會相遇，雖然一開始並不是以互相吸引想要成為情侶的前提而一起旅行的，但這是緣分吧！」

（喔！我的媽呀！很感性！我睜起我那已經因半夜開始迷濛的雙眼，冒起一點點淚光。）

「不過很開心在生命中遇見妳，活到這年紀、這輩子我都是孤獨的，因為我喜歡孤獨，我從沒跟人可以這樣的相處生活或者是旅行，但我發現我喜歡跟妳在一起分享生活與生命，我想就是妳，妳是這世界的唯一——

我的皇后！妳讓我的生命變得更美好！讓我想成為更好的人，讓你感到驕傲的人！」

（Oh！My God～心中不斷冒出泡泡，呼呼！我的天啊，這是對人冷漠的機車男口中所說出來的甜言蜜語，讓我簡直快飛到天上變仙女了！）

「我想這就是生命！呼、很晚了，今天工作辛苦了，寶貝，晚安！」

（……………………）

—— 結束對話進入夢鄉 ——

回頭想想這樣相遇到相知，連我們自己都不敢相信，到現在已經快五年了！有時睡前也會忍不住再掀起同樣的對話。

我倆在生活上還算「相處融洽」，旅行上還算「相互包容」，可這在旅行中，其實很不容易，因為一個人旅行容易，想去哪就去哪！隨性得很；兩個人旅行就難了，除了要顧慮對方的感受，行程也要討論。

除了都過了那麼久，心情還在驚訝之外，到現在為止，有位外國男友有什麼不同呢？

我只能說真的不同、一大堆的不同等著去解決，我人生的旅途從「流浪」的家庭革命轉戰為與「洋鬼子廝混」的革命。

唉！我可是出生在窮鄉僻壤，與洋鬼子的交往，整個街坊鄰居全都睜大眼睛看好戲，讓我這原本就不崇洋的人，想到這裡，頭不禁痛了起來！

心想，那天，真的不該看著水珠在肌膚上滑動的！根本是自行斬斷自己未來的情路，這真的不能怪誰的。

我沒遇過別人嗎？畢竟旅途的路上，怎麼可能沒有豔遇呢？如果說沒有，那當然是騙人的，再加上我這個剩女，不太是台灣男人的菜色（既不白、又不瘦、臉蛋又不美、事業線又不**夠**深），但一踏出國門，我到哪都是別人的菜，多搶手啊我！

只是菜沒有上桌，大多在點菜的時候就被打消念頭了！

兇手是誰？就是身旁的這位 S 大叔。

當還不是男友朋友的時候，他就這樣把我到嘴邊的肉給趕走了。

印象最深刻的一次，大約在冷冷天氣裡的尼泊爾街頭，我臉上還有著騎腳踏車的曬傷，穿著在加德滿都新買的新衣服，走在博卡拉的街上，在我跟S還有Jess（編按：當時也一起旅行的台灣女同伴）談笑間，和一個年輕帶點拉丁血統的男子擦間而過，不知為何我抬起頭來，就這樣我們直接對上了眼。那綠色的眼睛配上黑色的髮色、點點的鬍渣、還不錯的黝黑身材（謎之音：不要問我一眼怎麼可以看這麼多！就是可以。）；就這樣過了街，我們走到了一家店面，S和Jess走進店裡詢問下一個景點的車費，我在外面看著街道的牛、女人，然後看著剛經過那一眼，已經在對街有點距離的男人，他忽然轉過頭來看著我，遲疑了一下，忽然朝我筆直地走過來了。不久，在我的面前停了下來，然後靦腆一笑，我也笑了一下。

「我叫XX，妳呢？」

「我叫TOBY，有什麼事嗎？」我笑著問。

「Oh！我也不知道，就在對街，不知怎了，我只想說走過來跟你說說話，晚上有別的計畫嗎？可以一起吃個飯嗎？」

「好啊！但我是跟朋友一起來的！我問他們看看。」在那誠懇的眼神下，我就這樣說好了！

「那妳住哪？我晚上方便幾點去接妳？」

「我住在……」在我還沒回答時，Jess從後方走了出來：「這誰啊？」

我介紹了一下，然後再一次還未結束，大叔也出來了！兩男對看一眼，都還沒讓我有機會介紹，S大叔說：「請問有什麼事嗎？我們是一起的。」在那當下，果然機車男S的氣勢較強，型男頓時敗陣下來，看了我一眼，我看了他眼，然後……後續消息當然是，那晚我沒有去吃那一頓晚餐了！

而得到的安慰是S說：「他只想上妳，所以沒去吃是對的。」

「……」

五年前，我們在中國麗江碰面，進而一起旅行；

四年前，因流浪而讓我們成為情人。

這幾年的旅行讓我開闊了視野，而這段感情則讓我成長了。大叔讓我真正瞭解愛情跟麵包是沒有關係的，如果妳想要擁有全部，那麼妳要盡妳所能地為此奮戰，要不，在法蘭西斯共和國裡，「愛情與麵包」真的是兩回事！

一段感情，無關對方身家背景、無關家庭、無關年收入所得、無關學歷，很徹底地僅為著「喜歡你這個人」的本質以及交談的精神，繼續下去。老實說，我有深刻的體會，而這在台灣可能會被恥笑……

「又不是年紀小，都面臨適婚年齡了還在愛不愛，該面對責任，找一個對的人。」

那什麼又是對的人呢？

我們在感情上，「對的人」是建立在個人經濟價值的創造上，

而或許在建立感情之前，我們已先審核了所謂正當青年該負擔起的交往的條件。

有時問了即將已婚的友人，為何結婚？或是年紀相仿的友人為何交往？愛嗎？得到的回答總不是「愛」，而是「很穩定啊！個性還不錯，經濟收入還不錯，家庭背景也很好」。但，我問的是「妳愛他嗎？」

這個回答往往無疾而終。

「愛嗎？」

現在我 32，他 35，我想我可以成熟地回答這答案：

「愛！」

「永遠嗎？」

老實說，我不知道。承諾這檔事，伴隨著對婚姻的期許，但還不是現在。

他 35，我 32

我們擁有相同的流浪的靈魂，而結婚不是最後的終點，

我們手上有的不是萬貫家產，而是各自為目標努力的動力，

或許有天會分別於世界的兩端，但彼此追尋夢想的心是一起的。

因此雖然我們依舊貧窮，但，「現在不結婚！繼續流浪到盡頭。

關於阿豆仔，
如果你問的是……

很多在台灣的老外都喜歡去泡 PUB、待咖啡館；而某些台灣男性便產生排外心態說：「台灣超多女人都想要倒貼老外，不知道他們很多只是玩玩嗎？而且去 PUB 玩的老外都很窮。」

說真的！誰不知道大部分的外國人都是窮鬼，因為從基礎觀念上來說，他們並沒有存錢的習慣，在還沒結婚、有家庭之前，只對自己負責！存錢為的是什麼呢？養活自己就可以了，所以每個月都花光光。以 S 大叔為例，要不是想要旅行，他也是名列月光族。再者，我看過一篇報導——因為東西方文化的差異，常會有令人誤解的地方，比如說，外國人想法開放不代表放蕩，喜歡跳舞不代表喜歡一夜情，熱情不代表我喜歡你。

C 小姐問：請問在 PUB 裡的異國戀有沒有真愛？

答案是：阿姊我自從邁向剩女行列後，便很少走入這種場合了，體力不支啊！就算以前有青春肉體，到舞池裡去揮灑汗水，根本也沒注意到有沒有老外。另外，阿宅 S 大叔不喜歡這些地方，所以我已經絕緣好幾年了。

男人有好有壞；外國有爛人，台灣就沒有嗎？

大概是跟了所謂的「老外」（這裡指的當然是大叔）後，被問了不下上百次，「哇！妳有外國男友啊！好棒喔！一定很浪漫！」。

首先要聲明，我實在不知道棒在哪裡，有時候因為文化的不同，溝通起來大概會想要互相砍了對方比較乾脆。再來是「比較浪漫」這件事，可以說老外比較注重情趣多於生活保障，但以貼心來說，台灣男人挺貼心的啊！

這世界有百種人，起碼還是可以找到不去 PUB 的老外，因為連老台也知道去 PUB 就是看對眼彼此互相邀約短暫火花的地方，更別說老外了。

這真的只在於「玩得起還是玩不起，玩不起那就不要打腫臉充胖子」，別用肉身去試驗。其實去 PUB 釣女人的老外，我們女人會笨到分不出來，

多數是自己騙自己；那麼如果想要自己被騙，就不要事
後鬼哭神號，因為一開始妳就感覺到了。

所以，如果看這本書想知道，如何交到外國男朋友？

這我啊哉？（編按：台語，哪知道啊之意。）

愛情是沒有絕對的，也沒有所謂老外特喜歡的類型；如果扣掉以前曾經純
情跟泰國男孩談過短暫的純純戀愛，那麼S大叔是第一個正式的外國男友。

▪▪ 那我唯一可以告訴你的，關於阿豆仔？

我們來自於不同的國家、不同的國情，很多時候要互相體諒及瞭解，阿豆
仔要多用點心地去體會台灣，台灣仔要放寬心地讓他們瞭解台灣。如果你
剛好有外國朋友來，彼此又屬於不同的東西方文化，以下幾點，可以斟酌
參考——

▪▪ 循序漸進地讓他們入境隨俗地吃

台灣媽媽說：「骯髒吃，隨便大。」從小到大喜歡吃、習慣吃路邊攤的我，
到了澳洲，第一個禮拜的思**鄉**夢全是路邊小吃。東西方從小到大的教育跟
我們不一樣，外國的媽媽說：「不清楚裡面煮什麼、長得晦暗不明的千萬
不要吃。」而台灣最擅長的料理，看起來通常都是稠稠黏黏，牛肉湯麵黑
黑的、豬血糕更黑、滷肉飯的碎肉常常讓他們搞不清楚是什麼肉⋯⋯

因此，不要一口氣把台灣最道地的食物，全搬出來給老外嘗試，可以先吃
「台灣漢堡（刈包）」，再嘗試蚵仔煎；先試試牛肉麵，然後搬出臭豆腐⋯⋯
這樣，一開始的文化衝擊不大，內心的反彈減少，漸漸地老外會習慣所有
的小吃。畢竟當妳吃到一個不喜歡的，再吃到另一個看起來不討喜的，再
下一個還沒搬出來之前，就沒胃口了。

▪▪ 給人說「不」和「不喜歡」的機會

我們是個禮貌的民族，因此很少人會打從內心地說聲「不」。但對於老外
來說，在人格養成的階段，很大的一個訓練，就是說「不」。

或許我們很開心地把所有的好意全端出來了！但眼看外國人吃了幾口，我
們熱切地問：「還要嗎？多吃一點」，這時老外回絕說：「不！謝謝。」

幾次下來，我們不禁捫心自問，是我準備的東西不好吃嗎？為什麼吃這麼少？怎麼會什麼都不喜歡？既然都不喜歡，來台灣幹嘛？

如果情緒走到這，請放寬心胸。他們只是說了內心話：「不、謝謝！」

世界上沒有人會有「絕對喜歡」的事物，就像我是一個喜歡餐餐吃米飯的人，如果哪天我住歐洲，每餐都是麵包跟麵條，不出三天我都快瘋了，第四天再端給我任何麵食類的，我也會說聲：「不！謝謝！」

可這時，在老外的立場，他們反而覺得是你自己決定不吃的，跟誰都沒關係，當然跟他也沒關係。說不，沒有不喜歡這國家、沒有貶低的意思，只是在個人的行為上，對自己負責，對自己的想法付諸行動，說了「不」。我們就欣然接受吧！

最閒散的方式就是最棒的方式

他們從小獨立習慣了，不管要去哪裡，自己心裡大約有個底，或是有個答案。我們經常遇到的經驗是，當有外國友人來，總是策劃得超詳細，一堆朋友或是跟隨全家出遊，每一天每一個人都戰戰兢兢地伺候老外，深怕他們覺得台灣有哪裡不好的、不有趣的……

其實，最好的方式就是，問他們想去哪裡，然後隨他們想要做什麼就做什麼！如有不全，我們可以隨機安排行程，但就算他們選擇閒閒沒事，只是一個城市、一個**鄉**下地閒逛，也別擔心他們餓肚子、沒地方參觀會無聊，既然他們會來到台灣，也早在心中有了決定。

其他就是一些眉眉角角的問題，都不是什麼大事，大概溝通清楚就可以同時讓客人開心、主人歡喜。例如──

家裡馬桶不能丟衛生紙，要先說明！否則結果是外國人驚恐，而我們則要修廁所，畢竟他們沒有把使用過的衛生紙放入垃圾桶的習慣，大叔還曾經從廁所衝出來，拿著衛生紙問我：「我要丟哪？」。

如果真的遇到無論如何都無法解決、也令人不甚滿意的狀況，那就天天帶他去小7（編按：無論是「有7-11真好」「或全家就是你家」），對老外而言，所有的事情都會圓滿至極。

老法說：「我想在台灣找個家」。

這幾年一直在路上旅行的我們，總必須接受很多相對的不便利性，沒有 24 小時的商店，沒有隨時都可以買得到的關東煮、三明治、便當，沒有穩定的寬頻網路……這些我們在生活中默默接受了，嘗試去習慣種種的不便利，但我萬萬沒想到，當一切便利性隨手擁來，我的情人開始「宅在台灣」。

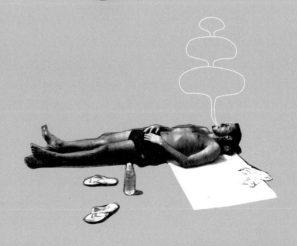

「媽麻馬罵」不一樣？

當西方世界說：「中文是全世界最難學的語言」時，我噗嗤地笑了。
因為我那破爛的英文程度，讓我深深認為英文好難啊！
我那智障般的法語程度，也讓我認為是自己舌頭出了問題！
一直到Mr.S自言自語說：「媽麻馬罵，真的不一樣嗎？」

在澳洲結束長達約一年的旅行之後，開始收拾行李準備回台灣的心情，讓人很興奮，不是因為「回家」讓心情躁動，而是「回家旅行」這行動令人雀躍。

回家旅行耶！身為台灣人的我，從小到大好像沒有認真在台灣旅行過，有過跟同學畢業環島、有跟家人溫泉旅遊，但當時的我好像沒有仔細看過台灣的美麗。今年的台灣長什麼樣子？跟我想像中一樣嗎？

自從答應了老法S要帶著他踏遍台灣大街小巷，我的腦袋裡不知道策劃了多少路線；該從台北出發呢？還是帶他從東部開始？那台灣的大山大水呢？台灣給予老法的簽證只有一個月，一個月的路線該怎麼安排好呢？（編按：現在免簽已改為三個月。）

我們在東南亞，開啟了返鄉的旅程——
第一個月在越南，我遇見了一個阿伯，我們說著關於電影《情人》的故事。
第二個月在澳門，我身處在一個中文的世界。
第三個月在菲律賓，我用中文殺價，買了麵包。
第四個月，S說：「我決定了！我要到台灣學中文。」

「啊～你打算學多久！」我問，這個決定殺得我措手不及。

「我想最少應該要六個月。」S 說。

「六個月？！什麼原因讓你忽然想學中文，你要去學校學中文？以你的個性耶！你應該是中暑了吧！」我開始認為這是個玩笑。

「因為我發現妳到哪都可以講中文，因為我很想瞭解到底真正的亞洲文化是什麼？我想知道為什麼妳的英文總是犯同樣的錯誤：Open the light？我想知道為何妳永遠搞混 He 和 She？我想知道你們思考的方式，而最能深入基本的生活，應該是語言吧！總之我決定去台灣學中文了。」S 認真地長篇大論了起來。

「你要去哪間學校學？」連我都搞不清楚老外可以在哪學中文。

「這一間。」S 指著電腦上的存檔照片。

「什麼～台灣師範大學，你連學校都決定了？！」我驚訝地看著他。

這時我才發覺 S 大叔是認真的，認真地想知道台灣、認真地想要探索這片土地。

開學前的新生訓練，S 一臉迷糊地問：「拼音跟ㄅㄆㄇㄈ的差別有多大？這只有在台灣有嗎？」

「我想全世界大概只有台灣有，ㄅㄆㄇㄈ可以讓你更接近標準的發音，而他也分為基本的五個調、四聲；注意聽我說以下四個字，他們是不一樣的 —— 媽麻馬罵，而這些都是由ㄇㄚ拼出來的。」我想起小學學中文時老師在講台上，緩慢說著這四個音，腦袋裡浮現的是「全世界只有台灣有」的字樣。

然後看著 S 一臉瞳孔放大、神遊思索的模樣，嘴巴張開地喃喃自語：「該死！媽麻馬罵有不一樣嗎？根本一樣。」

三天後，S 選了ㄅㄆㄇㄈ作為基礎的中文學習。

每天看他在那練習背注音，又看他揮動著手臂及手指，我才發現當他說著「二聲」時會將手指往上指，說著「四聲」時會將手指往下揮。

我在一旁偷偷笑了，原來在我取笑法國人說法語好像喉嚨卡了一口痰，讓我永遠在 R 字上打轉，但看到老法學中文連肢體語言都要運用上時，我才體認到，原來中文真的一點都不簡單。

開始學習新事物，讓待在島內的世界變得很有趣，S 每天回家都是「老師說那、老師說這」、「今天我考試有 90 分」……考不好的時候，則是整天坐在書桌前悶悶不樂，像孩童一般的學習。我們經常在台北街頭舉辦兩人小活動，讓人很想扭斷對方脖子的遊戲 —— 可怕的中文量詞及語助詞。

以英文來說，最多只分單數和眾數（例如：dog 和 dogs），絕大多數的情況下是不用量詞的，但中文的分別很大，豬用「一隻」、狗用「一條」、馬用「一匹」、牛用「一頭」；另外，英文很少有「話後語助詞」或是將「了」當作過去式的結束，而我這台中來的台中腔可是在在顯現了語助詞，除了尾音上揚外，也喜歡加上「蛤、啦、是呴」等字。

「一個花。」S 說；「不對、是一朵花。」我說。
「一個水。」S 說；「不對、是一瓶水。」我說。
「那個狗。」S 說；「不對、是那條狗，不要以為放了那就有差別！」我說。

「我好，我們去。」S說；「挖咧！這是什麼句子，你要說：我好了」我說。

「為什麼？不就是I'm OK！Let' s Go！」S一臉正經地說。

「啊！你現在也是直接英文翻中文就是了？」我不敢置信地看著他。

老法是「差不多，還好」先生。

幾個月下來，我不敢說老法的中文進步了多少，但從平日的觀察他在台北生活，遇到鄰居阿姨總是會說聲：「您好！」買東西會問多少錢？謝謝你！不客氣！但更驚人的發現是，不是關於他能自在地生活於台北，而是有了口頭禪。

樓下的妹妹問：「今天好嗎？」

S回：「差不多，還好」

隔壁的阿姨問：「這水果好吃嗎？你喜歡嗎？」

S回：「還好，差不多甜。」

學校同學問：「你買這個要多少錢？」

S回：「差不多100塊。」

TOBY問：「你愛我嗎？」

S回：「還好，差不多。」

「……」

中國有位胡適認識的差不多先生，台灣則是有個TOBY認識的差不多老法；人家差不多先生，紅糖和白糖差不多、汪大夫和王大夫差不多，台灣差不多老法，是心情好跟不好差不多、水果甜和不甜差不多，讓人不禁懷疑S真的瞭解「差不多」的意思嗎？

我想「差不多」對他來說是種心靈的反應，是老法S在台灣開始打拼的心情，如同台北天氣差不多灰濛濛的、氣候差不多下著雨、電視差不多播放著HBO的電影……他的中文也是差不多，還好。

而法國人差不多，已慢慢融入台灣的社會。

追著貝多芬跑

「登登登登登登登～登登登～」街頭傳來一陣音樂聲，
S 忽然說：「喔、好棒喔！台灣也有賣冰淇淋車耶！」
我忍不住地狂笑：「你想要買垃圾喔！」

我們的小套房就在羅斯福路旁，某老舊公寓大樓內的五樓，房東將一戶公寓整修變成四間獨立的小套房，因此打開五樓大門時，我們好像有四個不認識的同學住在每個獨自的空間，彷彿住在一起卻又不是。

說起來很少遇見其他三位不認識的室友；還記得以前街坊鄰居都會照著垃圾時間表在清晨、傍晚出門倒垃圾，這時除了可以看看阿婆們三姑六婆地聊天外，多少也會跟同年紀的鄰居打聲招呼。但現在台北市的上班族，繁忙的工作，總會錯過垃圾車交流的時候，因此這棟老公寓有貼心的小措施，每個月多付一百元，大家將垃圾分類蒐集好放置一樓的樓梯間，每天會有打掃阿姨在樓下幫住戶倒垃圾，有時 S 會跟樓下打掃的阿姨、三樓的媽媽、隔壁賣麵包的妹妹、仲介公司的員工打聲招呼，至於同戶不同間的室友們，真是慚愧，到離開之前，我們一個也不認識。

「什麼！台北倒垃圾要買專屬垃圾袋做垃圾分類？」S 驚奇地說著。
「是啊！2006 年在台北就全面實行了。」不知這時為何會感覺做好垃圾分類好像挺令人驕傲的，雖然買那垃圾袋還真「貴三三」（編按：台語，貴死了貴死了貴死了之意）。

我跟 S 解釋如何把垃圾分類好，要去哪買垃圾袋，而為了避免垃圾袋很快就滿了，嚴格執行垃圾分類可以省下不少錢。另外，還耳提面命地帶他到樓梯間說：「這個桶子是放回收的、那這個大的桶子是放普通垃圾的，所以等垃圾袋滿了你就要放在這裡，不要亂放，會造成阿姨的困擾啊！還有垃圾不要亂丟，說不定垃圾車伯伯翻開垃圾查出來是我們啊！等會我們就去 7-11 買垃圾......」話還沒說完，門口外傳來了一陣歌聲。

「登登登登登登登～登登登～」

S 大叔所有的注意力都被吸引過去，瞳孔亮了起來，全身散發幸福力，「喔喔！台灣有跟美國一樣的冰淇淋車。」

我先楞了幾秒鐘後狂笑：「你要買垃圾喔！那音樂是垃圾車。」

「垃圾車放貝多芬的音樂？垃圾車不就是半夜到每戶人家門口收垃圾，為什麼會傍晚出現，還放音樂？」他一臉好奇地開門走了出去。

還未看見垃圾車的蹤影，音樂卻已在街頭大響，後方社區的伯伯、阿姨們手上拿著垃圾，早已一排排站在路旁巷子口張望；麵包店的妹妹穿著粉紅色制服在門口等著，順便擦著櫥窗的玻璃；還有一些外籍幫傭也提著垃圾和同鄉聊著天、推著拾荒車的伯伯正在問著一位小妹妹可否把紙盒給他。

下午 6:10，台北市的街頭忽然熱鬧了起來。

S 站在路邊看著人群，轉頭問我：「怎麼忽然這麼多人。」

「他們在等垃圾車丟垃圾。」我笑著說。

〈給愛麗絲〉的優美樂聲越來越近，路邊聊天及等待的民眾開始一段距離、一段距離地群聚起來，這時垃圾車每隔一小段路便停了下來，大家有條有理地將垃圾交給清潔人員；這時遠方一位遲了點出門的媽媽奮力奔向垃圾車，即時將垃圾丟進車內。

這一幕畫面果真令人懷念；從我有記憶開始，台灣的垃圾車就有音樂了，那古典音樂配上垃圾車好像渾然天成，一點都不突兀，身旁的老法倒是嘖嘖稱奇。

「你看，這就是我說的垃圾車跟它的專屬音樂，在台灣，每個人只要一聽到〈給愛麗絲〉、〈少女的祈禱〉的音樂響起，就會自然而然提著垃圾走到街上等垃圾車，然後把它丟到垃圾車裡，看著垃圾被淹沒其中。」

「喔！大家真的會出來倒垃圾耶！」S 看著倒垃圾的人群，直到垃圾車漸漸走遠、人群慢慢散去，然後喃喃自語：「這在法國根本不可能，叫法國人出門等垃圾車？下輩子也不可能。」

••
一個月過後～

正在吃著零食瞪著電視的我，看見Ｓ大叔忽然從椅子上跳起來，看看手錶、望向窗外，然後飛快地背著攝影機，猛速奔出大門。

「呴～跑這麼神速幹嘛！真奇怪？」

二十分鐘過後，又飛快地開門進屋，我用眼神示意：「你剛去哪了？」

「我剛剛去追貝多芬。」他開心地拿出攝影機。老法追垃圾車也這麼開心喔！怎麼我媽叫我倒垃圾時我都開心不起來。

••
某一天的凌晨～

剛晨跑回來的Ｓ大叔，帶著一身汗把我從睡夢中吵醒，我索性起來喝杯水，老法這時全身濕答答地靠過來說：「我告訴你喔！我剛發現一件『秘密的（編按：法式中文）』！」

「什麼秘密的？」我一臉睡眼惺忪。

「有人偷偷在7-11門口垃圾桶丟垃圾，被我看見了！這是『秘密的』。」

「……」我看他一眼，又喝了一口水，回床上再度補眠去，這老法Ｓ除了會去追垃圾車外，也身兼清潔隊員在街頭巡視——今天誰偷倒垃圾了。

各位台北市民，小心嚕！他都有在做紀錄。

穿著泳褲在路邊曬太陽

我是那又瘦又白的台灣女孩？
還是隻台灣黑熊？

在印度上冥想課程的某日午餐時，一位波蘭來的大姊主動跟我打了招呼。

「嗨！你是日本人嗎？」

「不是，我是台灣人」我笑笑地說。

「我去過台灣，你看起來不像，我以為你是日本人。」波蘭大姊說話聲音不小，吸引了另外兩名德國女學員的注意。

大家嘰嘰喳喳地說了起來，「真的看起來不像嗎？為什麼？」兩位較年輕的德國女生問著波蘭大姊。

「台灣女孩，他們白得就像一面牆。」

「真的嗎？那你的確看起來不像，其實一開始我們也以為你是日本人。」德國女生附和著。

「既然你來自台灣，我想問，台灣女生真的會打一種針，像麥可傑克森一樣，讓皮膚變白嗎？」波蘭大姊三姑六婆了起來，這個話題讓整個焦點轉向我的身上。

TOBY 我內心 OS：「啥咪！麥可傑克森！！」你們這些著猴的老外。

我清了清喉嚨說：「的確有這種東西，不過和麥可傑克森不一樣啦，他那是漂白不是美白！台灣的針稱為『美白針』，內容是以高單位的維他命 C 為主，它的作用是讓女生變白沒錯。」我小心地解釋，深怕老外把台灣女生當作「麥可」一樣就不太好了。頓時，所有的話題在剎那間爆開來。

「你看，我就說他們有一種讓人變白的針！」、「為什麼要變白啊？」、「我們很想要像你們一樣，你們蜜色的肌膚多好看啊！」、「打針不會影響健康嗎？」……

「噗噗～不是說不一樣了！」以上完全沒有人理會我。

接踵而來的問題讓人無法招架，整個午餐變成一場社會文化餐會，整整花了兩個小時才結束，盛況空前的討論，讓我整頓飯都在「飽受驚嚇」；其實當時真的認為是老外們大驚小怪，因為整個亞洲根本都是走「美白」風，自古以來，白晰就是我們美麗的標準，在印度、尼泊爾的電視整天播放著讓男女都能變白的產品，更別論擁有強大美妝產品的日本跟韓國了。只是沒想到，在老外眼中的「亞洲美白大作戰」裡，竟是台灣女孩獲得第一，因為我們「白得就像一面牆」。這時到底應該要為台灣女孩榮登亞洲美白觀念下「第一美人」感到開心，還是要哀悼一下這排行榜裡，並沒有我呢？

在台灣要成為「美女」，起碼要有以下三個要素——

➔ 很白。

➔ 很瘦。

➔ 瘦還要更瘦、白要更白。

自細漢（編按：台語，小時候之意）我一直進不了美女的聖殿，本身黑肉底根本白不了，幾年下來，喜歡在戶外打滾的興趣加上年紀漸漸進入「老娘」的階段，體態越來越中廣，膚色也呈現「棕」色狀態，某日假期回老家，從我身旁經過的弟弟用簡單的一句話把我打入地獄的深淵……

「姊，你看起來髒髒的，而且你看起來好壯喔！」

當下我內心不斷浮現 OS：「髒髒的……髒髒的……」、「好壯……好壯……」

「啊嘸你當我是台灣黑熊嗎？」我轉身看著 S，「你也覺得我是台灣黑熊嗎？」

「黑熊倒不是，小黑豬有一點。」

「………………」

曾幾何時台灣女生除了白之外，也在追求瘦到「飄起來像仙女」的境界。某日跟老法到東區踩街，看到的幾乎是一樣的「美女」—— 窄窄的牛仔褲、白晰的臉蛋加上名牌包……我沒辦法說「膚色、體重不重要」，身為台灣女性，我承認當我看到這些女生，腦袋想的還是，「啊娘喂～真希望我也這麼瘦、這麼白。」

明明我走在國外街頭是位萬人迷，我確信從後方前來搭訕的拉丁小伙子，接收到了我散發的迷人魅力，但回到台灣的我，儼然像嬪妃被打入冷宮一

般，讓人興起美白跟減肥的念頭，我極力想擺脫台灣黑熊的誣名。

S 就像接收到我腦袋的訊息一般，看了看我、拍拍我的頭。

「你這樣剛剛好，不胖也不瘦，這些女生看起來好像生病了，你看起來很健康！」一副安慰的口吻。「很健康！黑熊也很健康，這不算稱讚，而且你看電視時也說志玲姊姊很漂亮。」男人就是這樣，嘴裡說「沒關係」，到頭來都是「重點」。

> 「台灣女生的確很漂亮；可電視上的是女明星，你又不是？」
>
> 「她們不是女明星也很漂亮～」我指著遠方的美人。
>
> 「呴～我真的覺得健康自然最重要，你看我們法國的女人，沒有一定的審美標準，喜歡瘦的有瘦的、要胖的有胖的，誰說你一定要又白又瘦才美麗，況且你的樣子，當台灣黑熊比較有特色、也可愛。」S 一副評論家的語氣。
>
> 我真不知道原來像「台灣黑熊」，也是一種美麗的特色，真是為國爭光。

潮濕的春雨停了很久才離開，

台北終於開始有夏天的氣息了。

我們迫不及待地換裝出門踏青、曬太陽，

心情輕鬆卻又無知的老法，看著晴天白雲出現思索的表情，

我問：「怎麼了？」

「好不容易出太陽，大家為什麼都撐著傘呢？」

一位潮男打著黑傘緩緩的走過眼前……

春天的台北散發著憂愁的文學氣息，白濛濛地，房間裡的除濕機像是應對的音樂「滴答滴答」地響，我每天都跟 S 看著窗外，等待天晴的台北，數著日曆上的日子快點出現夏天的影子。

自從接受自己成為台灣黑熊後，我認為「黑」也有種自然美，因此保持小麥色均勻的肌膚，變成很重要的一件事，可猛然低頭一看「黑熊竟然漸漸褪色了」，這怎麼得了，要盡快出門去見太陽！

某天下課後精神抖擻回家的S，開心的報告：「夏天了，我們今天出門去公園。」下午兩點半左右，兩人開始打扮「假裝自己在海邊」的造型，歡慶這闊別已久的夏日，讓我增加一些黑熊的氣息，S則是想來點陽剛男人味，我們帶著一塊布、穿著拖鞋、一瓶水、iPod、海灘包、太陽眼鏡，歡欣鼓舞地出發。

才走上街頭，緊接出現的是一位位撐著陽傘的台北女性們，把台北的夏日風情都帶出來了。台灣女性愛美白的天性真不可小看，但一旁才來幾個月的S大叔還搞不太懂出門撐傘是種防曬的國情；來自南法的他，陽光有種無限的幸福與魔力，普羅旺斯慵懶的氣息加上緊鄰地中海的海灘，讓法國人全家大小在夏日來臨時，都會到海邊去曬太陽。

「大家為什麼都撐傘？」穿著寬鬆四角泳褲的S，看著街頭的女性們，似乎想邀約大家一起加入曬太陽的行列。

「國情不同、審美觀不同，我們一白遮三醜的觀念已經根深蒂固，他們不想在炎炎夏日跟我一樣變成黑熊。」

「其實我們很羨慕台灣女孩原本的顏色，蜜色肌膚多好看啊！在法國，大家普遍都想將膚色曬得跟你們一樣，如果我每天都有健康的陽光色，自己會感覺很性感，很有男人味，以前我到海灘時，法國女性可都是用欣賞的眼光看著我。」

這時路旁緩緩走來一位拿著黑傘的潮男，清秀的臉龐、白淨的臉蛋配上無懈可擊的髮型，眼神詭異地看了我們一眼——一名老外穿著寬鬆的泳褲配上汗衫、外加一雙布希鞋，一個台灣女生穿著小背心、小短褲加上海灘鞋。頓時我們像是外星來的訪客，造訪這初夏的美白星球，僅差沒有手上拿著椰子汁當作武器。

我轉頭看著 S 大叔，「性感？嗯哼！我想你在這裡是太黑了，歡迎加入台灣黑熊的行列。」

曬太陽要打鐵趁熱，
並趁無人之際，工具備齊，
夏天就到嚕～YA！

台北有很多很棒的綠地，如大安森林公園、435 藝文特區，大型的草皮很適合進行野餐或曬太陽，如果不想到大老遠到大型的公園引人側目，住家附近也會緊鄰一些小型社區綠地，除了運動設施外，還有一個圓弧狀的木平台，一旁的灌木叢劃分出馬路以及住家。

從袋子裡拿起海灘布，躺下、帶上耳機。
輕鬆地哼著歌～拉拉拉！愛老虎油啊～
這時台北公園的午後，也有普羅旺斯的氛圍，沒有擾人的交通、沒有擁擠的人群，只有陽光和夏日。前提是：撇開掉了下巴想超捷徑的上班族、拿著陽傘受到驚嚇的女路人，扣除左邊樹下惶恐的輪椅阿伯、右邊樹下眼神不時撇過來的閒聊阿婆們……其實那個下午我們真的很悠閒、非常的悠閒。

如何擁有健康的日光浴（非常體貼地與大家交換經驗）
曬黑在西方人的生活中很習以為常，他們追求擁有一身被陽光親吻過的健康性感肌膚，而想要曬出健康膚色，「日光浴」是最自然、簡單的方式，不過，也不是今天想說要「曬太陽」就這樣傻傻地出門。
曬日光浴跟美白一樣各有一套講究的方式，要保證曬黑又不能傷害到皮膚，還要盡可能地保證身體的每吋肌膚都曬得均勻，可就要下一番苦工——

➔ 防曬乳：出門前 20 ～ 30 分鐘先抹上防曬霜，這時可選擇 UVA 係數低而 UVB 係數較高的防曬霜，既可保護皮膚不被曬傷，又可以達到曬黑的目的。助曬乳我比較少用，因為常常在塗抹不均的情形下，可能會曬得不均勻。

➔ 水：當你不在海邊可以就近下海消暑，這一瓶水除了喝以外，也是用來淋身體跟頭部的，可以避免中暑，大約 15 ～ 30 分鐘，斟酌水分的補充或是降溫淋水，然後在可以接受的程度下，繼續曬。

➔ 時間：避開上午 9 時到下午 3 時，陽光照射較為強烈的時段，可以避免中暑、曬到昏頭；如果很久沒曬太陽了，最好每天曬個 30 分鐘左右，之後可以依照自己的狀態調整時間。

➔ 場地：選擇就近的場所可方便梳洗曬後混著防曬乳的一身汗，畢竟這是一場單純「日光浴」，而非登山健行。

➔ 用品：一塊海灘巾、一個完美的臥躺姿勢（記得翻面）、一些你喜歡且能避免無聊的東西。

➔ 小提醒：別讓你的老外朋友曬了太陽心情太放鬆，接著開始脫衣服，記得告訴對方：「在台灣公共場合禁止裸體」。

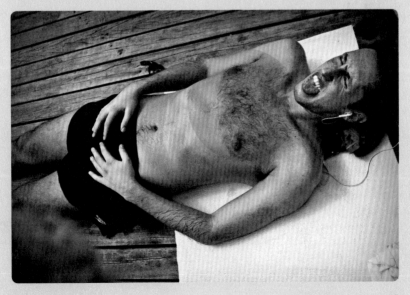

極致美白番外篇——粉紅小乳頭

家裡樓下好像開始變成了新興的社區，除了逐一開張的便當店，沒多久藥局、康是美也都陸續出現了。

路上行人熙熙攘攘，下班人潮，便當店裡人聲鼎沸，剛吃下超正燒肉飯的我們，摸著肚皮踏出門口，打算回家嗑甜點、看電視，騎樓下幾位工讀生正在發著藥粧店的傳單，我順手拿了一份看看是否有特價品可買，台灣藥粧店一特價起來，錯過是會搥心肝的。

> 「這是什麼？」S 大叔指著傳單上的一張圖片。
>
> 男人果然不分中外，全世界都是一樣，眼神隨便一撇可以看清重點項目，我低頭看著一瓶乳霜、半裸女子的圖片。
>
> 「讓你的乳頭變得像少女般粉紅色澤的產品。」
>
> 「What！你們需要在乳頭抹這東西？你不是開玩笑吧。」S 大叫一聲。
>
> 「小聲點啦！我當然不是開玩笑啊，這也是台灣女性美白的其中一部份；記得李安的電影《色戒》，女主角的一些裸露畫面，就因為乳頭顏色太深而被批評，這些批評就來自你們男性。」我哀怨地看了他一眼。

S 大叔曾經說過，台灣女性非常厲害也很辛苦，不管是單身或是未婚，要做很多事：工作、帶小孩、聽演講、上課、看展覽、去寺廟拜拜、醫院志工、出國遇見的背包客，也大多是台灣女生……只是大家喜歡的東西還是很像，如同追求「美白」，其實台灣女孩這麼努力，應該對自己更有信心，不用追著大家的意見，走自己人生的路，因為「白不白」、「瘦不瘦」，真的不重要。

S 淡淡地看了我，「身為台灣女性真的太辛苦了，連乳頭都要照顧到。」

「噗………………」辛苦了各位女性。

回家後他很認真地看了一遍《色戒》的「重點部分」。

|—4

為什麼是這樣為什麼又那樣之夏日輕旅行

生活在台北的日子，
總要提醒自己停下腳步、細細觀察自然的變化，
大樓高廈中的季節遷異，
容易讓人轉瞬間忽略花開了、葉綠了。

夏季的到來，身心都有種活躍感、有種想要跳出戶外找尋新生活的動力，
這天我臨時起意邀約了 S 大叔、法國友人 B 以及獨自在台北工作的學妹
FiFi，一同前往關渡自然公園來場輕旅行。
各自從住所的捷運站出發，大夥直接約在關渡站碰面，這種小旅行都沒有
太大或太特別的計畫，只是自然而然地朝目標前進，有點冒險、有點探索。

出了站不清楚方向的我們，打算先問明前往的方向，以便繼續等待友人的
到來。這時一旁的女孩開口說：「你們打算去哪？我是藝術大學的學生，
正在等朋友來接我，如果你們剛好要去藝術大學，可以一起搭順風車，因
為走路會有一段距離喔！」我開心地笑了，在台灣旅行真令人感動。

「真的謝謝你，我們還有一位朋友還沒到呢……可以請你告訴我們往關渡
公園是哪個方向，我們等人到齊才過去。」
這狀況劇，讓兩個法國人開始熱烈討論「台灣人超好」，一個說家裡附近
小吃店的阿姨人超好、一個則是說便利商店服務員人很好。還記得當初
回台灣旅行時，買了一本《寂寞星球 - 台灣》指南書（編按：英文書名為
Lonely Planet，是第一套針對背包客撰寫的旅遊系列叢書，此為「台灣」
旅遊指南。），想徹底瞭解外國人怎麼看待旅行台灣的「人事物」，書中寫
出多數外國人對於到台灣，最大的記憶是 —— 台灣人的友好，並對台灣人
的「好」進行了很多猜測。

可能是天氣，亞熱帶的天氣讓台灣人充滿熱情。
可能是來自 Polynesian DNA，天生的基因讓台灣人充滿島國的輕鬆。
可能是佛教徒，宗教信仰讓台灣人充滿了大愛。
可能是……

書上的文字在猜、老法的腦袋在猜，可到底什麼原因造成台灣人的「好」，老實說，連我這台灣人都不知道，唯一可以知道的是，旅行台灣後，揪甘心的感動越來越多，說都說不完。我想，可能台灣的好就是這麼自然而然吧！

·· 關渡是悠閒午後的輕旅行

這一天在關渡自然公園裡，恰巧遇見幾個藝術家進行地景裝置藝術的創作，一位女性印度藝術家正在用竹子搭起圓球狀的物體。

兩個老法看著一群人在烈陽下編著竹子，忍不住詢問說：「這是什麼？」
藝術家回答：「地球」

「喔～OK！」兩人互看了一眼，表情耗呆，一臉想裝懂又不好意思，要繼續問下去，藝術家看起來又很忙。當下藝術裝置還未成熟，未能真正瞭解藝術家所要呈現的意義；我們在園中每走一段距離，便可看見不同的藝術創作過程，現場有很多台灣的青年志工或是藝術大學的學生，正在和國外藝術家一起工作，他們的熱情正在烈陽下轉換成專屬「關渡濕地」藝術作品。

已經舉辦幾年的關渡自然裝置藝術季，主要希望透過藝術家們的作品來讓遊客與自然產生互動與對話，這些藝術作品必須融合當地環境景觀、可以觸摸互動，最後更可供生物利用，並經過時間的展演和風、水、植物、動物、人類之間的生態運作，自然的分解、回歸大地，並對環境不造成任何傷害。

因此這些裝置作品是會變化、從一開始的創作到最後的消失。聽到會消失，老法們一路試著在自然中找尋去年作品的痕跡，緩慢走上木棧道，看著遠方河岸旁人們騎著自行車，濕地上的水窪光波粼粼，不知名的水鳥喳喳地叫著，可惜我們什麼都沒發現。

一行人，走累了就席地而坐曬曬太陽、聊聊天。
風兒微吹，湖面上一舟小船，輕輕地飄著，藍天白雲下，濕地的顏色顯得很翠綠。

淡水河岸的景色每一秒都在變化

淡水是傍晚夕陽的小發現

散步的小旅行還是會累人，儘管我們喜愛在太陽下走動，讓閃閃的日光在肌膚上製造熱度，可走上半天，大家開始呈現有點餓、又不太餓的狀態，決定轉移陣地到很適合徒步小旅行的淡水，繼續覓食尋寶。
淡水有著港口、水岸，有著依山坡傍水而建的古蹟與老房子，有著迷人又復古的街道，旅人們只要出了捷運站跟著人群走，就可以搜尋到美麗的淡水。

河岸旁情侶們肩靠著肩在堤岸邊說著情話，今天的夕陽似乎因為天氣過熱，染黃了整個天空，對岸觀音山有著迷濛的美麗，河面上的景色變得不是很清晰，一排排的船隻伴著振翅的白鷺鷥，淡水河岸的景色每一秒都在變化。

街上琳瑯滿目的小吃、商店讓兩個老法頓時提起了百分之百的興致 —— 超大冰淇淋、好吃的燙魷魚、酥脆炸魷魚、等著客人預約的現炒孔雀蛤、鮮紅的冰糖蜜李蕃茄，一旁還有現煮的吻仔魚……大夥的眼睛忙碌到不知道肚子想選的是什麼。

一位土耳其人對著圍觀的遊客，以中文大聲叫賣冰淇淋：「為什麼你不買？」讓兩個老法忽然停下腳步，站在店門口彼此笑著，大概從沒料想過在台灣，連「講中文的土耳其人賣土耳其冰淇淋」都找得到。

「你們想吃阿給嗎？很有名喔！」我指著滿滿人潮加上排隊的店鋪。

「看起來好多人喔！下次好了。」看到排隊人群就沒耐心的法國人，馬上給我打了回票。

「那要吃阿婆鐵蛋嗎？也很有名喔！」我指著一包包高掛的鐵蛋。

「上次吃過一次好硬喔！感覺很像放很久了，壞掉了。」S記起第一次吃鐵蛋的經驗，那是友人分送的伴手禮。

「壞掉了！誰說壞掉了？都跟你說是『鐵』蛋了，當然硬啊！跟放很久沒關係，這是特色！」當我在解釋時，一點都不理會我，大叔跑去點了巧克力烤麻糬。

有些美味食物對我這台灣人來說，簡直是生活中缺一不可，可西方人卻無法體會那種渴望。以啃雞腳來說，用牙齒將雞腳上富有彈性的肉咬下，然後將一根根雞骨頭放入口中，骨頭散發著原始的味道以及滷汁的甜美，這其中的美味，老法怎樣也不明白，只能對著我說：「雞骨頭有那麼好吃？」我想，他們一世人也明白不了

一行人晃過幾家店，這時某餐廳門口正炸著肉圓，沒嘗試過台式肉圓的老法 B 好奇地停下來觀看。

B 專注看著師傅身手熟練地翻著肉圓、戳起一顆，在上方剪了各缺口，淋上紅醬汁與白醬汁，「我一直不知道這到底是什麼，看起來很詭異，造型像飛碟？」

「上次我在夜市吃過一次，外皮熱燙很有彈性，本身沒有味道，但搭配的醬料很好吃，有點甜甜又鹹鹹的，裡面的肉味道很棒！」S 回憶著肉圓。

兩個老法同時問了我：「那外面是什麼做的？」。

「啊？」這可是問倒我了，不擅廚藝的我，最擅長的是吃而不是煮，我不太好意思地抬頭問店內的師傅：「肉圓外皮是什麼做的？」「樹薯粉。」師傅豪氣地說。

「基本上就是 Tapioca（編按：此指番薯粉之意。）做的外皮。」我指著肉圓。

「台灣人好像很喜歡吃軟軟的東西，例如珍珠奶茶。」

「喔！對耶，都是軟軟的。」B 恍然大悟。

「那你喜歡喝珍珠奶茶嗎？」「還不錯啊！只是不知道為什麼奶茶裡要放珍珠，感覺比較有趣味就是了。」「有些珍珠奶茶的店不好吃，有些還不錯。」……

這一天的淡水、關渡輕旅行已經變成了「奇異台灣大論戰」，為什麼關渡要有藝術家展出地景藝術？為什麼肉圓的皮要軟軟的，怎麼會有這樣的食物？珍珠奶茶為什麼要放珍珠？為什麼土耳其人跑到台灣賣冰淇淋？為什麼鐵蛋那麼硬？……

這麼多「為什麼」？有沒有一本台灣在地百科全書可以讓我查呢？還是其實這些為什麼，就跟台灣人為什麼「這麼好」一樣？沒有答案啊！我想，來台灣住上一陣子，你就會有所體驗，但不一定有所解答。

1—5

你是大明星

KTV，故事的開始是從日本來的卡拉 OK，
但台灣改變了一切，我們把歌唱事業從公共空間帶入私人領域。
從大包廂到小包廂，從幾十個人一起到兩個人都可以唱歌。

記得小時候看著媽媽、阿姨們到卡拉 OK 去唱歌，台下總是坐滿不認識的人，大家尋求的就是幾首歌的「明星」夢，引吭高歌後人們會給上肯定的掌聲；那個時候台上台下有著互動，唱到一些知名歌曲時還會輕輕擦淚，這時的唱歌是撫慰人心、一種生活的調劑。

當卡拉 OK 漸漸變成 KTV 時，家人反而比較少踏進包廂去唱歌，而是買了一台卡拉 OK 在家裡客廳，每個週末早上起床唱個一兩首，我們幾個小孩坐在一旁鼓掌叫好，不久這種風氣好像轉成街頭巷尾的興趣。隔壁的鄰居伯公，早上也唱、下午也唱，阿嬤的老人會，每次聚餐一定選有卡拉 OK 的土雞城。明明只是到隔壁鄉鎮進香，左鄰右舍是一上車就開始大喊導遊小姐：「阮麥唱歌。」引擎還沒發呢！藝界人生已經是台灣人的魂，阿公阿嬤出門前，沒來一首〈愛拼才會贏〉，熱血不會出現！

相對地，KTV 則是年輕人招朋引伴打發時間的地方，學生時代總是跟好友姊妹們約在 KTV 門口見，而不是校門口，似乎早晨九點在包廂裡嘶吼，可以沖淡年少生活的憂愁。當時的 KTV 有著我年輕時放蕩生活的回憶，如今卻帶著成年後自我壓抑的苦悶，包廂的記憶變成國王遊戲以及喝著啤酒醉倒在廁所的糗事。

高唱的回憶停留在——
媽媽開心地唱著歌，台下感動的眼神，
好友唱著情歌，大家一起抱頭痛哭，
或許這樣的 KTV 更像是感情的交流。

朋友好幾次邀約 S 大叔到 KTV，他總是百般不願意，除了覺得拿麥克風搔首弄姿地唱歌，有點太超過本身的個性之外，他說：「唱 KTV 感覺很寂寞。」

「大家好像都不是去唱歌的，整個地方是個寂寞的地方；我喜歡寂寞，但我不喜歡一群人一起寂寞。」這時我靜默了，是啊～ KTV 不只是個單純唱歌的地方，它是我們發洩情緒壓力的場所，儘管沒有人聽著我們唱歌，但這小小的包廂卻顯露了彼此心底的感情，有悲傷也有歡樂。

「你沒真的看過，你只是感覺！人生必須嘗試過才知道喜不喜歡，KTV 某種程度是代表台灣精神，走吧！」

「好吧。但我不唱歌，音樂對我來說也是種私密事物。」

「老法真龜毛捏！什麼都是私密的；這可以商量的，去了再說。」

出了捷運站，轉了個彎，前往錢櫃中華新館 KTV 大樓，我拉著 S 的手往前走，一旁的服務生拉開了金碧輝煌的大門。

「等等！」為什麼我們要走進飯店啊，不是要去 KTV 嗎？」S 停下了腳步。

「這就是 KTV 啊！」

「整棟都是 KTV？！」S 再度開始受驚的一晚。服務員領著我和如同「劉姥姥進大觀園」的大叔到正確包廂，友人早就已經唱了一個時段，看到 S 到來，拿著麥克風歡呼一聲。

「吃東西了嗎？來先點東西吃。」拿了本菜單放在 S 面前。

在 KTV 點東西吃？這件事簡直太對他的胃口了，馬上身心靈都 OK！港式點心、辣雞翅、洋蔥圈、小熱狗、雞米花、香腸、豆干、棒棒腿、紅燒牛肉麵......什麼寂寞啊、私密啊，通通不見了！老法 S 的台灣 KTV 之旅，歌是沒有唱，吃得很飽倒是真的。

幾日後，他的 iPad 裡出現了幾首國語歌，信樂團的〈如果還有明天〉、五月天的〈戀愛 ING〉、羅志祥的〈戀愛達人〉。

和屈原賽龍舟

「龍舟跟屈原什麼關係？」老法好奇地問。
「有點關係又不太有關係。」我說。

因為老法S一句：「想看什麼是龍舟？」於是我再度興沖沖地約了「基本咖」老法B（喔、對了，一直沒說他全名是Benoît）一起到台北大佳河濱公園慶端午。想想也好久沒有看賽龍舟，大概有18年了（啊！年紀怎麼這麼大了。），在亞洲，端午節屬於三大節日（春節、端午節、中秋節）之一，當這天到來，我們吃粽子、飲雄黃酒、端午香包、飲午時水、午時立蛋與賽龍舟，阿嬤還會準備艾草水給我們清洗。

端午當天，街上人潮很多，我們搭上了龍舟專車，下車後往會場前進，認真一看，頓時覺得全台北市的老外應該都在這裡了，B不小心遇到朋友小聊一下、S看見同班同學打了聲招呼......原來外國人對親臨現場看龍舟很感興趣，這讓我越來越期待比賽的開始。當人群越來愈多、記者們也開始拿著鏡頭對著河上猛拍，輸人不能輸陣，跟他拼了，競賽開始我準備認真吶喊，拉緊兩名老法，催促大家備好嗓門跟鏡頭。

「嗶......」遠方一聲響，開始了！我舉起雙手打算幫忙加油。

一分鐘過後，「嗯！這龍舟滑得很慢？」兩個老法手上拿著相機，轉頭看我。

我的耳邊傳來主持人興奮的聲音：「XXX隊以飛快速度即將拔旗了！第二水道的是XXX隊，以飛快的速度在後面追趕......緊張緊張、刺激刺激，到底哪一個隊伍先拿到旗幟呢？」感覺主持人的口水都快噴到河道上了，再看一眼龍舟，有划這麼快就是了......

「呵呵～台灣人說『飛龍在天』，這龍要飛起來才快，現在他們在戲水，要不我們去看立蛋好了。」自己冷到自己，馬上轉移話題。唉呀！內心不斷在想，龍舟你要爭氣點啊，身旁前來參觀的遊客似乎也覺得無趣，悻悻然地離開了。

後來看著整排彩繪立蛋的老法問：「所以屈原跟龍舟有什麼關係？」
「有點關係又不太有關係。」老法的不恥下問，讓我每次出遊都必須準備好答案，比唸書時還要用功。
「這個屈原，就是古時候的一位文人，他投河死了，大家太傷心了就到江邊哭天搶地的呼喚他，當然最後屈原還是回不來，人們開始將粽子丟入河中，避免魚蝦吃了他的身體。」說完收工，等等？怎麼跟龍舟沒什麼關係？
「粽子？跟龍舟也有關係嗎？」
「龍舟也是紀念的一部份，當時人們要划著船出去丟粽子。」為了解救偉大情操的文人，讓他得以保留全屍，還要趕著造船划龍舟，再把漂亮的三角形粽子丟入河裡，搞得端午節那麼忙碌……

原本這趟旅行的目的是──龍舟，可龍舟是看了 30 分鐘，一旁的美食區讓我們停留了 2 個小時。看來台灣還是小吃妙！這天因為是節慶，美食區來了很多地方特色，我點了小型蛋包飯，可以將喜歡的字用蕃茄醬寫上去；S則鍾情於原住民的鐵板山豬肉，雖然價格有點貴，但是香嫩可口，直誇台灣的豬肉真好吃！
我們悠閒地走到河濱公園的草地上坐著，看著遊客們放風箏。離開前天空下起了毛毛雨，我們還遍尋不著應景的「肉粽」，而家鄉口味的月桃粽，老媽說寄上來還需幾日，可這當下原住民的山豬肉簡直像開胃菜一般，頓時讓人飢腸轆轆……

關於家鄉「大人氣」的月桃粽

端午未到時，S早已在知名肉粽店試過台灣肉粽滋味，但印象不深，我一直想要他嚐嚐家鄉的肉粽；不同於一般的竹葉粽，端午佳節前家中阿嬤與母親總會親自上山去採月桃葉，採收、清洗、泡軟總是耗時費力。包粽之前還需先炒米、炒餡料，炒出香Q而不膩的粽料，再以月桃葉包製粽料、米料、一塊三層肉然後清蒸。每次家裡炊肉粽，鍋蓋一掀，月桃葉的特有香味，混和著粽料香就飄了出來，除了自家肉粽料好實在外，適中的糯米口感，搭配上月桃香，真是充滿了「大人氣」！S大叔嚐過一顆後覺得味道極佳，馬上詢問是否可寄送到台北讓我們平日蒸煮來吃；老媽一看老外也喜歡，心花一開，今年竟包上百來個月桃粽，讓我們連續吃上一個月。

我不是南部人，南部月桃粽是菜粽，家中的口味屬肉粽。
我不是客家人，全家沒有一個是細妹安講。
我不是原住民，很想大跳〈高山青〉，但可惜歌喉跟舞藝都不好。
那到底為何TOBY家中包的是月桃粽，這不知道捏？

後來某年回到爺爺奶奶墳上掃墓，我看著爺爺墓碑上的「江夏堂」不禁好奇了起來。返家後，上網去搜尋了一下，卻發現「江夏堂」是客家人的堂號。啊～我不是閩南人嗎？此時竟發現堂弟在網路發表了一篇文章「原來我是客家人」。間接證實不會講客家話的我，竟然有客家祖籍。
馬上去問老媽，老媽說：「不是吧！那你打電話去問你爸！」
老爸說：「是嗎？沒聽阿公說過！」
那江夏堂是？……經過堂弟查證，我們真的是客家人。一句客家話都不會說的我們，還假虎假威說是閩南人來著地過了30年，莫名其妙包著「月桃粽」……

世界第一的捷運

巴黎是全世界最浪漫的城市，
但沒有人說巴黎是乾淨、守秩序的…

朋友去巴黎蜜月回來後，馬上跟老法說關於旅行法國的心情。

「你們法國的地鐵好恐怖喔！很多塗鴉、髒髒的臭味，而且還要自己打開車廂門。」S狂笑不止，因為巴黎是全世界最浪漫的城市，但沒有人說巴黎是乾淨、守秩序的，如果你無視巴黎滿地的狗屎、如果不介意有異味的地鐵……那麼巴黎絕對是浪漫、美麗的城市。

「我覺得台北的捷運超完美、超乾淨，方便又整齊，幾乎可以在捷運站裡睡覺了。」趕忙這位老兄是想睡在裡面嗎？

記得剛回國的我根本忘記不能在捷運站裡飲食，一邊和S聊天、一邊咬著口香糖，鄰座一位媽媽看見，用英文跟我說：「小姐、不好意思，坐捷運不能吃東西，會罰錢的！」頓時我真覺得對不起鄉親父老，怎麼忘了口中的口香糖？S低頭跟我說：「你很蠢耶！沒看到上面的廣告標語嗎？」

「機車咧！」被一位法國人在台灣的捷運站恥笑，像話嗎？

生活在台北的S，熱愛坐捷運，輕鬆拿著一張悠遊卡，一個人自由地穿梭在台北城，捷運站好像他家的「灶腳」(編按：台語，廚房之意)；對他來說，台北捷運是觀察台灣人的好地方，因為他發現我們多麼地「禮讓、乾淨、守秩序」。譬如說：當我們在捷運站內的自動扶梯，所有乘客都自主性靠右側，空出左半邊；捷運車廂內，靠門處安排的博愛座，很多時候都空著，乘客會選擇站在一旁立……

最讓他拍手叫好的是——好寶寶的排隊人潮。台北捷運站的每個車門前都會劃上斜斜的排隊線，所有乘客都會依線排隊，絕不推擠，而且永遠先下後上，沒有你搶我奪，縱使捷運車箱裡，人滿為患，卻不喧鬧。

沒有人在捷運站講手機大聲嚷嚷。

沒有會亂丟垃圾、抽煙。

沒有人會爭吵推擠。

被他這樣一說，我才驚覺每天都在搭乘捷運，卻沒這樣看過自己生活的城市。

忘記捷運站出來的星巴克，有著濃濃的咖啡香，沖淡了下雨的憂愁。

忘記等待朋友時，誠品書店給了我一個閱讀的空間。

忘記突然肚子餓時，美食小店暫時填飽了我的肚子。

生活在這，我卻忘記轉頭看，以為這些都是理所當然。

完美牛肉麵

我問老法:「台北哪些節慶你最喜歡?」
他說了幾個不改法國人本性的答案 —— 通通關於吃,
甚至還說 SOGO 樓下超市之前有個法國週……

台灣有多少節慶呢?多到讓人眼花撩亂,而這幾年的新興節慶,更是讓人蠢蠢欲動,例如苗栗桐花祭 —— 有道地客家菜上場、東港黑鮪魚觀光季 —— 有新鮮鮪魚沙西米入肚、而基隆的鎖管(編按:俗稱的「小捲」)季 —— 開玩笑!新鮮海鮮等著你去釣……這些好吃又好玩的慶典,不單純只是觀光推廣,其蘊含了台灣本土文化深度以及社會的廣度。

我詢問老法:「台北哪些節慶你最喜歡?」他說了幾個不改法國人本性的答案 —— 通通關於吃,甚至還說 SOGO 樓下超市之前有個法國週,我瞇著眼睛說:「那哪算是節慶?你是衝著起司去的,別以為我不知道。台北明明還有很多新節慶,你卻只記得吃的?」
身處在台北的我們,因工作、學業的時間限制,有時無法如願參與外縣市的地方性節慶,讓老法好一陣子懊惱了很久,差點拒絕去上課。後來老法自己發現,原來在台北也有節慶可以參加,於是他心目中最愛的台北節慶開始成形,有鳳梨酥節、牛肉麵節等等,尤其是牛肉麵節,簡直讓他心花朵朵開!

老法最大的期待就是 —— 觀看台北牛肉麵節的票選情報,依照地圖品嚐不同的牛肉麵,然後自己選出他心中的最愛。其實我還真沒想到,他很熱衷於選擇牛肉麵,原來相較於米飯,「麵」對他來說才是日常的主食,因為 S 大叔的父母親出生於義大利的西西里島,後來隨著家族先後移民到摩洛哥,然後至法國,家中料理雖會因環境而改變,但飲食習慣卻是融在血液裡,父母親偏好 Pasta、Pizza 勝過麵包,而這從小養成的口味,讓他對於麵食有獨特的愛好!

我對於他的牛肉麵熱，可是樂觀其成，畢竟牛肉麵節上的每間牛肉麵店，都是來自於美食饕客的嚴選，大大減少我們這些小食客外出踩到地雷牛肉麵的機會。來台北也不過這一兩年，因工作性質的關係，我極少有時間出門去尋味人氣牛肉麵，有時看見山東餃子館、東北麵食，點上一碗牛肉麵，入口後卻少了學生時所吃的牛肉麵美味；記得年輕時北上唸書時，所嚐的牛肉麵屬「新明系」口味（編按：台灣依地區不同，牛肉麵的味道也大不相同，新明系為台灣中壢地區發源的牛肉麵口味，味道比較爽辣。），那種辛辣、爽快的口感，加上酸菜佐味，經常一邊吃著、一面說好辣，但筷子卻停不下來。這回憶中既需排隊、又嗆辣無比的牛肉麵，可說一路伴我走過了學生時期。

2006 年旅行至四川，每日三餐皆為川味麻辣，吃著牛肉火鍋、牛雜串串香，某天忽然想念起台灣牛肉麵，自小對於台灣牛肉麵店印象是 —— 川味牛肉麵、口味道地、祖傳秘方。人說吃東西要吃道地的好，我想既然都身在四川，不好好品嚐一下川味牛肉麵，怎麼說得過去？終於皇天不負苦心人，讓我在一家新興的餐館裡找到牛肉麵選項，我興沖沖點上一碗，期待萬分。入口當下，「咦～」麵點、牛肉可說是料實在，但湯頭則是少了點什麼？猶如一碗麻辣火鍋湯頭煮上牛肉和麵；到底是少了祖傳中藥？還是特殊花椒？

回到旅社後，我和友人說：「這牛肉麵跟台灣不一樣！我沒嚐到像台灣牛肉麵的美味，但台灣牛肉麵不是來自四川、山東嗎？」

「或許台灣牛肉麵，根本就是台灣味，而不是四川味。」頓時恍然大悟，台灣牛肉麵根本就是「台灣味」，因地理位置的特殊性，多種族群組成以及歷經幾各不同的時代背景，台灣接納了各種飲食文化，融合本土口味，創造了台灣美食的獨特性，而其中「台灣牛肉麵」就是最佳的例子。

難怪四川牛肉麵，怎麼跟台灣川味牛肉麵不一樣？

唉呀！其實原本就不一樣。

台灣牛肉麵之有緣來相會

> 「這一家！」S 比著螢幕說。
>
> 「72 牛肉麵，嗯～好！但為什麼選這一家？」
>
> 「它告訴我～選它、選它！所以我選一家。」
>
> 「唬爛！你根本是只看得懂 72 這個數字吧！」

當牛肉麵節米其林名單出來後，我請 S 大叔看著列表挑一家喜歡，我們決定不參考網路鄉民評價，只憑直覺，這種選擇帶了點冒險的樂趣，一方面也打算跟牛肉麵拼緣分來著，心想：『說不定會找到命中注定的牛肉麵。』

72 牛肉麵

這一晚我們又約了老法 B 出門，主題是：「讓我們一起度過台北牛肉麵節、找尋心的牛肉麵」，喜歡台灣的 B 當然義不容辭地報名參加本次小團體。

一走到門口，看見店面、牆上堆積一塊塊牛骨疊成的裝飾，讓兩位老法震撼了一小下；原來店名叫「72 牛肉麵」，顧名思義是老闆花費了 72 小時的心力，將牛骨的精華全凝聚在湯頭裡，而店門口裝飾的牛骨，則是經過長時間熬煮呈現出光澤潔淨的面貌。我們迫不及待點了招牌清燉牛肉麵，桌旁的牆面貼著牛肉湯麵的作法──

第一天：冷水入料，據說是為了避免高溫破壞整個結構。

第二天：中火去脂，燉煮後油脂浮出湯面，需要不時將浮油撈出。

第三天：文火吊湯，將所有好味道濃縮在湯裡。

據說，全程不添加牛油及牛骨粉、味精，是紮紮實實地熬煮出乳白色濃郁的湯頭；一上桌面便散發濃郁香氣，服務生特別提醒我們，如果味道不夠可以自行添加天然鹽調味。

我先喝了一口湯，果真帶點奶味，看了一眼桌上的喜馬拉雅山玫瑰鹽，好奇地灑上了些調味，這一灑可把大骨所熬煮的甘甜湯汁全逼了出來。三人餓得呼嚕嚕吃了起來，一時半刻大夥都沒講話。

直到滷味上桌後，S 大叔開口說：「原來這是台灣的牛肉麵，湯頭我超喜歡，不過牛肉、麵還 OK。」

「不～你現在吃的是另類的牛肉麵，通常台灣牛肉麵不是這個味道的，哪知道你瞎選竟選了個特別的。」忽然想起 S 老法也只吃過乾牛肉麵。

「對啊！這真的是特別的，下次我帶你們去吃在我公寓附近的牛肉麵，我覺得那間牛肉超好吃，但湯是這裡的好喝。」B 一口麵一口湯地說著。

「果然我有選牛肉麵的靈感，這是 —— 特別的（中文）。」每次因為吃到好料理，人就開心的 S，免不了得意地誇獎一下自己。而兩人見底的麵碗，是我有史以來第一次看見法國人把「湯」喝完了，如果可以不計形象的話，他們搞不好還會舔一下留在碗裡的小湯汁。72 小時的牛肉麵，果然猴塞雷（編按：廣東話，好厲害之意），第一場「找尋心牛肉麵」小聚會，湯頭記上一筆。

永康街牛肉麵

沒幾日後，B下班打了通電話過來，「是時候吃我家附近的牛肉麵了，七點半我公寓旁的公園見。」

自從上一次的牛肉麵品嚐小聚會達陣成功後，我們就期待著B的電話，我跟S馬上關了電視，迫不及待地出發。出捷運站走了一小段路，到了永康街，遠遠看著B在綠地旁揮著手，帶我們穿越一些小巷子，來到了牛肉麵店門口。

看著店裡高朋滿座，一時半刻還沒有位置，需在外等候。我抬頭看了一下招牌，喔、天啊！這不就是挺有名的「永康牛肉麵」嗎？當然也是台北牛肉麵節的米其林店家。讓我不禁懷疑，這兩個老法是真的對牛肉麵有所靈感？還是法國人天生就有找尋好味道的本能？也或者根本是瞎貓碰上死耗子，就這麼剛好？

入座後，我毫不猶豫地點了招牌紅燒牛肉麵。店家上麵速度超快，看著深色湯麵鋪著一層油花，唉呀！就是傳統牛肉麵的真面目，我趕緊夾了一塊牛肉，放進嘴裡馬上軟嫩地化在口中，天啊！這牛肉真的是滷得又深又透。這時S又開始大廚上身，眼睛呈現圓形狀——

「這肉塊大卻不乾，柔軟又好吃，這是我在台灣吃過最好吃的牛肉了。」
「對啊！我跟你說這牛肉超好吃吧！」
現在這兩個老法已經全浸泡在幸福的泡泡中，你可以隱約看到他們身上的光芒。
「如果可以把這肉、配上『72牛肉麵』的湯，一定棒呆了。」第二次出擊，再度完美成功，永康牛肉麵記上一筆，牛肉致勝。

功夫蘭州拉麵

某日從宜蘭返回台北，還未進食的我們走到台北車站的微風美食廣場去覓食；逛了一圈，走進了蘭州拉麵，因為 S 深深被師傅現場製作手工拉麵的身影給吸引了；原來這裡的招牌也是牛肉麵！所以不用多說，這又是台北牛肉麵節米其林店家。

我開始覺得，S 發揮了《秘密》一書中所說的「力量」，全宇宙都在幫他找台灣牛肉麵？服務生好像也心有靈犀，瞭解我們想看師傅手工製麵，領著我們正對玻璃窗的位置，一面點餐，一面欣賞師傅熟練的動作 —— 反覆摔打、拉長、上拋、交纏，整個製作過程中的飛、翻、滾等技法，儼然就是一種表演，還沒吃到麵，已經覺得值回麵價了。

一碗清燉牛肉麵，湯頭清澈、甘甜，牛肉也算軟嫩，最棒的大概就是這碗「麵」，軟 Q 彈牙，感覺久煮也不爛，放入口中超有嚼勁。這一手好麵，師傅的功夫好壞都在上頭，抬頭看見玻璃內的師傅先是拿出揉成一糰，然後摔打桌面，再左右拉開成麵條環，向上一拋，交叉成雙相纏繞，這些心力，讓這麵無形中加分不少。

「啊～」S 叫了一聲。

「你又著猴了喔？沒事叫什麼叫。」

「我知道，什麼是台灣完美牛肉麵了～」

「什麼完美牛肉麵。」

「我要把『72 牛肉麵』的湯加上『永康牛肉麵』的肉，最後加上『功夫蘭州拉麵』的麵，這一定會是全世界最完美的台灣牛肉麵！」看著他似乎開始勾勒起，這碗「想像中的牛肉麵」的畫面。

「這位先生，快點回神！……請不要幻想沒有的東西。」我翻了翻白眼。

「你想想，為什麼這一家湯好，其他就普通；這一家麵好，其他也變普通了，為什麼大家都知道『某一樣』比較好吃，卻沒有一家通通都好呢？」

「因為各家專長不同，S 先生！如同你現在在吃的這碗麵，主打的強

項是——手工麵，不是湯或牛肉，而也因為麵實在太出色了，所以相較之下，配角就黯然失色啊。」

「可是......」

「好！停、如果你願意，我想每一家店搞不好都可以單賣你——招牌商品。」

「真的嗎？那真不錯。」好像聽到滿意的答案一樣，S頓時心情似乎特別好。

至於最後，有沒有買上所有的「湯、肉、麵」呢？當然是沒有，因為分開買後，這碗牛肉麵不止是完美牛肉麵，還是超級無敵貴三三的牛肉麵；所以他選擇分段式完成，偶而分開吃三家，然後在腦袋裡想像三位一體的畫面。噗～真是好一碗「完美的台灣牛肉麵」啊！

行天宮收驚記！

行天宮結束後，S說：「感覺很怪？」

「怎麼了？」我問。

「收驚阿婆叫了一個阿伯的名字，不是我的。」他說。

「不是你的？」搞得我一頭霧水。

「所以……我覺得有個莫名阿伯的魂魄在我體內，很奇怪捏！」

「啊～阿伯你誰啊你？」

連日下來有種「老娘好衰」的感覺，下樓買便當被一隻路過狂叫的小狗嚇得挫青屎，感覺三魂兒都跑掉了兩個，這晚半夜睡覺睡到一半，我大叫了一聲，忽然想起出國流浪前去行天公拜拜求平安還未還願呢？一旁跳起的S轉頭看了我一眼，明顯覺得我在發神經，我睡眼惺忪、頭髮凌亂地說：「明天你下課回來後，我們去行天宮拜拜。」話後放心地倒頭睡了。

這一天台北的天氣，晴。

恩主公好像知道連日來的雨天需要去去霉運一般，下午3:10分我們搭著643公車看著車流不息的台北街頭，那路程從車窗往外看著好像法國黑白電影畫面，斷斷續續飄移，只有黃色計程車在畫面上鮮活了起來。公車座位上沒有陰暗的濕氣，乘客們臉上都充滿了暖暖的氣氛，我想這是台北放晴的晚霞照耀出輕鬆的心情。不是我不喜歡台北，而是在台北幾年了還是無法接受台北的天氣，每天總是看著窗外想著，為何天空總是灰灰的？因此每當一放晴，我那關在窗內的心總像青鳥一樣想往外飛，找尋台北的藍天、台北的河畔。

公車廣播傳來「民權東路松江路口」站的訊息。

「為什麼你知道要從哪下車？坐公車好複雜喔！那我下車要嗶嗎？」S正一頭霧水地研究從前門下車好，還是要從後門下車。

「嗶？你上車不是嗶過了！下車就不用了，兩段式才要。」我拉著他的手飛快地跳下車。

「兩段式？什麼兩段？像捷運一樣嗎？」

「啊～這要解釋好複雜喔！你要先看司機伯伯旁邊的燈，然後……天啊！」台北的公車網絡涵蓋的大台北地區，其便利程度讓沒有私家車的我都可以開心地旅行北台灣，但對一個台北新鮮人來說，這系統卻相當複雜。我想起了好友 Kit 第一次北上工作時，一個人孤單的壓力以及令人昏頭轉向的公車，讓她忍不住在車上哭泣著打電話給我：「現在的台北令人討厭，讓人感到無助跟孤獨。」

一個人在台北工作跟一個旅人在異鄉的街頭流浪是一樣的心情，有著一樣的孤寂、一樣的情節需要面對、一樣的距離需要跨越……
我望向 S 模糊的表情說：「別擔心！台北公車伯伯會叫你嗶的。」

我們打算有病治病，無病保平安。

我在廟門旁的小販買了三個有龍眼的甜紫米膏、一包香燭，帶著敬畏的心情踏入行天宮，不由自主喃喃自語、握緊雙拳的大「喝！」一聲，這時真的很抱歉嚇著了隔壁的阿婆，她抬頭看了一眼，用更放大的眼神看著我跟S，表情寫著：「阿豆仔也會來拜拜嗎？阿豆仔拜甘有效？」我將未開封的香燭交給穿藍色衣服的師姐，然後拿 2 支香燭，依照行天宮拜拜順序，先拜天公插第 1 支香，再拜恩主公插第 2 支香，手持柱香放鼻頭前，左手插香，其實近年來行天宮很推行道德香，就是雙手合掌即可，不知會何我還是習慣拿著香燭，說著心中的祈求，或許某日該改掉這習慣的。

一路上我提到台灣的收驚儀式可是風氣盛行，家裡如果有小孩哭鬧，也會帶到自家附近廟裡去讓廟公收收驚、安定心神；而行天宮就是其中著名的廟宇，這時 S 正迫不及待想要讓收驚婆婆將他的三魂七魄給收回來……

「等會阿婆會問你名字，聽不懂沒關係，講名字就對了。」我仔細交代。

「那我要講英文、法語、還是中文啊！全名嗎？」

「有差別嗎？不都是你的名字？不要講全名，太長了，然後說中文好了。」我拿起相機幫他記錄這人生的第一次。

然後聽著阿婆問他說：「啥米名？」

他站得直挺挺、一臉正經又禮貌地回答：「你好，我叫山卓。」這時害我忍不住笑場。

阿婆又問了兩次，然後開啟了收驚儀式，口中振振有詞，雙手拿著香燭前後擺動著，S 動都不敢動，只有眼神跟著阿婆的動作移動，一旁隊伍裡等著收驚的香客則是好奇觀望，大家都竊竊地笑著。

大約過了一炷香的時刻，依照慣例，來行天宮拜拜時總是會和朋友坐在一旁的凳子上看著人潮人去，或是在廟埕前吃下當天已叩拜後的甜米糕。眼前的人們坐在門廊悠閒地聊天、小孩在廟口大埕上開心嬉笑著，我打開甜米糕吃著，終於有種擺脫「衰小界大姊頭」的苦悶了——光明即將到來。

這時，坐在一旁的 S 說：「我覺得阿婆聽不懂我說的中文。」

「是嗎？」我滿嘴米糕地說。

「我現在覺得怪怪的。」S 摸著胸口。

「哪裡怪？」啊這位仁兄，不要嚇唬人，收個驚會有什麼怪？

「我想阿婆收了某個阿伯的魂在我的體內！」一臉認真地說。

「阿伯？哪個阿伯？」難道老法是著猴了嗎？

「不知道？阿婆說得很小聲，但我確定不是我的名字，她叫了ＸＸ的名字。」

「啊！ＸＸ？」我搔著頭。

等等！這位阿伯！你誰啊你……

Always OPEN

到底是房間缺少了暖氣，還是冬天讓人感到蕭瑟，
所以在被窩中也不自覺地感到寒意呢？

已經連續幾夜翻來覆去無法入眠。

「你睡了嗎？」S 忽然開口問了我。

「還沒，你也睡不著嗎？」

「嗯～不知道為什麼？」

「數羊也沒用，現在才凌晨 2 點，我們要這樣眼睜睜地到天亮嗎？」

「起來換衣服！我們出門。」

「去哪裡啊？2 點耶！」換了外出服，加了大外套，台灣這時節的天氣真是透入身體的濕冷。

S 拎著我的手說：「我們去喝巧克力牛奶」

「巧克力牛奶？」

叮～～歡迎光臨 7-11！

「現在買兩杯可以加購點心喔！」夜班服務員在冷夜裡熱情地說著。

原來老法帶我來的地方是 7-11，拿著兩杯熱巧克力，我們走到人行道到上護欄，肩靠著肩。

2:30am。台北街頭很冷清，昏黃燈光下只有少許的機車飛馳而過，我將頭靠在 S 的肩上，笑看著我們說話時吐出的白霧，黑緞裡的月光雖比不上一旁 7-11 的招牌，但徐徐的銀光灑落在我倆的身上，這台北失眠夜有著愛人、熱巧克力牛奶、月光，忽然心中一陣暖，感覺很幸福。

「謝謝你，雖然這陣子睡得不好，但現在我感覺很舒服」

「不客氣！如果以後我離開台灣會很想念 7-11 的，在法國沒有店家會在半夜兩點還開著的；台灣真的太方便，會忘記原本的生活。Always Open......7-11......」S 哼著歌。

「那就不要回去吧！把這裡當你家。」我說，S 沒有回答，我們靜靜喝著熱巧克力，看著天空、看著街道。

時間像停止一般，在這夜空，然後他輕輕吻了我的臉頰，帶著淡淡的巧克力香說：「我愛妳，我們回家吧！」這一晚，我跟冬日的失眠說了再見。

如果能夠來個老外在台最愛之事物大票選，猜猜什麼會是第一名？

答對了，是「便利商店」。我從來不曾想像我的異國情人會是宅男？這幾年一直在路上旅行的我們，總必須接受很多相對的不便利性，沒有 24 小時的商店，沒有隨時都可以買得到的關東煮、三明治、便當，沒有穩定的寬頻網路……這些我們在生活中默默接受了，嘗試去習慣種種的不便利，但我萬萬沒想到，當一切便利性隨手擒來，我的情人開始「宅在台灣」。

不是在旅行台灣的路上，就在宅在家裡，這個真的是老法 S 的最佳寫照。

剛認識老法不久就知道，他是位不喝酒、不抽煙、不應酬的法國人，基本上我還真不曉得有這種人的存在；但身為一個正常女性的我，通常會出門和朋友吃吃飯、喝喝酒、逛逛街，上述文字看起來我是一個偶爾喜歡出門閒晃的人，因此反觀窩在房裡的 S 大叔，除非是電影院或餐館，基本上他都是在家裡瞪著電視或是電腦，一天一天過了，我驚訝地發現這個老法竟然是「阿宅」！

所以當老法宅男來到了台灣，最喜歡的一個地方是什麼？

啊啦啦～答案就是，想也知道的「7-11」。

老法說：「台灣的 7-11，簡直太神奇了！什麼都有，哪都不用去！」

所以他早上去 7-11、中午去 7-11、晚上去 7-11，連宵夜也是去 7-11；有時連續幾天的燒鴨飯、微波食品，我決定約他去夜市吃飯，S 會靜靜看著你說：「我今天想去 7-11，有新產品出來還沒嘗試。」

「……………………」靠杯！

記得還沒來到台灣前，我總是喜歡跟他說：「台灣的 7-11 可以做很多事喔！」

吃的東西先不說，舉凡什麼代收款、ATM、影印傳真、訂票、宅急便、沖

洗照片、買書……大概民生所需都可以在 7-11 裡找得到，哪像在國外多不方便啊！結果，現在是阿宅比我還有心，除了蒐集 Open 將貼紙，連 7-11出了新產品都知道，果真求新求變投了雙子座的喜好。

這一連環的宅氣，讓我某日忍不住抓狂地用中文說：「你要不要乾脆去全家，因為就是你家。」

結果……這個梗……S 聽不懂。還好心跟我說：「全家不是我家，7-11 才是，但是是第二個家。」

「……………………………」我最後敗陣下來。

「算了！那你留在家裡！我出去門了！」

這時阿宅輕快地說：「嗯、好！自己小心點啊！」然後又把頭埋進網路世界裡，或者當妳下次出門飲酒作樂時，還會輕快地送妳到門口，然後對你說：「玩得開心點！那今天我晚上不等妳，我先睡了。掰掰！啾！」臨走前，我看著老法阿宅，正開心吃著奮起湖便當，對著電腦傻傻地笑著；嘆了口氣，在阿宅的世界裡：一個法國人、一間 7-11，還有台灣超快速寬頻網路。

小 7 的故事

法國人 S 從日常生活中，漸漸體會到台灣便利商店的實力，每每都讓他驚訝的變成人柱，站立許久……

狀況一

剛回國在台北找房子的那幾日，借住了好友 Kay 的單人宿舍，簡單地在房間地板上打地鋪，S 正專心地看電影，我則是幫 Kay 拆著年舊的電腦，兩個女人在半夜 12 點一個搬著螢幕、一個扛著主機，往門口走去……

「你們這麼晚拿著電腦要去哪？」

「寄回 Kay 家。」我移了移螢幕，沒想到這東西有點重。

S 看了看時鐘，「在半夜？哪有郵局開門？」

「……誰跟你說是郵局？我們要去 7-11 寄。」

「7-11 可以寄電腦？而且你們根本沒打包？」

這時思緒已經飄渺的 S 明顯受到了些許驚嚇，久久無法回神……

狀況二

「不要啦！我不要吃這個，訂這個不好吃；好啦！媽、要不我們訂帝王蟹，我沒有吃過耶！就這麼一次啊！你先看看，然後晚點我們再做決定！」我跟老媽在電話裡討論了許久，一直無法下決定。

S 看著我圈選著訂購單，講著電話，當我掛下電話後，他好奇地過來詢問：「這要幹什麼的？」

「我跟媽媽在想家庭聚會是否要從便利商店訂購食物，你看，有大隻的生鮮草蝦，最近還有日本進口的北海道帝王蟹耶！」

「台灣的 7-11 可以訂購活生生的海鮮？」老法深深吸了一口氣。

狀況三

「我去 7-11 繳信用卡帳單。」簡單交代一聲，我出了門。

五分鐘後，我手上拿了一瓶牛爾化妝水、晚安凍膜、三本書、兩件棉T，當然還有我的信用卡帳單收據及兩罐統一陽光豆漿。

「妳……哪時候去逛街？不是去繳費嗎？」

「挪！給你喝。我是去繳費，但順便一起拿前天上網買的物品。」

「妳不出門可以在網路上買著麼多東西，然後去 7-11 拿？」

「嗯、是這樣說沒錯，而且還是在 7-11 付錢的。」

「這……台灣的便利商店好恐怖喔！女人不出門也花錢了。」

狀況四

「總共 120 元。」收銀員親切地看著老法。

S 一臉苦惱看著我，「那是多少錢？」

我拿出兩百元，轉頭對結帳小弟說：「抱歉！他還沒學到數字，中文不太好。」

兩個禮拜後，自信滿滿的老法說：「我覺得，我可以講中文買東西了。」

「嗯～這麼棒啊！那你去買優格回來。」

「好！」老兄很開心地出門去，打算秀出他這陣子的成果。

十分鐘後，走回來的老法，感覺很平靜。

「怎麼了！對方聽不懂嗎？」

S 斜眼看著我說：「收銀員今天跟我講英文，他說他練習了很久……」

「哈哈哈哈哈哈……」

這是，兩個人因為 7-11 互相激勵向上的友情故事嗎？

熱血天性：台式快炒

自從台灣菜在亞洲流行起來後，
我曾在印度的達蘭莎朗看見「台北滷肉飯」的字樣，
讓我尖叫不停，感覺台灣快要發了。

曾經看過一篇文章寫到，台菜的特色就在於一清、二鮮、三快炒，並將台灣菜分為三大派 —— 小吃、海鮮與精緻台菜。我對於「精緻台菜」一詞，不太能認同，畢竟真正台灣菜與台灣味，或許換上「小吃、海鮮、快炒」比較貼切。

台灣的平價快炒店，最能把台灣味徹底地顯露無遺，不需要高級裝飾、不需要講究的排場、不需要昂貴的花費，就可享受美味的料理！你可以跟著一群朋友熱鬧圍桌，盡情點上想吃的料理，每道份量十足，價格也才NT.100，四面環海的台灣，在快炒店口，總會擺上生猛海鮮供選擇，還可以依客人口味料理，用餐間台灣啤酒一罐一罐上來，台灣人的海派及豪爽，在此刻一氣呵成。

快炒店的魅力，就像是台灣人的熱情，一吃會上癮。

在台澳門友人瑪姬，有位法國男朋友 L，每三個月就會飛來台灣相聚，這時我們也會相約一起聚餐。

那日瑪姬在電話裡說：「今天去吃台式快炒，我們在捷運站門口等你們，到時見。」我興奮地跟 S 說：「台式快炒耶！你一定會喜歡的。」

「為什麼？那是怎樣的餐廳。」

「一間可以點上全台灣料理的餐廳，當場烹煮、速度快、超大盤，白飯吃免驚，還有你喜歡的生魚片、炒空心菜喔！然後通通一百塊。」

「聽起來很棒耶！為什麼你不早點帶我去吃。」

「……因為我們只有兩個人，你是只想點生魚片跟空心菜嗎？」

這一天下著滂沱大雨，但快炒店內依舊充滿熱力，領班大聲呼喊著服務生，隔壁下了班的大叔們，一邊喝台啤、一邊划酒拳，桌上滿滿的下酒菜；熱炒店「中央市場」的低板凳式座位，很有路邊攤的感覺，而新鮮的食材、熟練的料理技術，在長安東路上的熱炒街深受好評！

我開心吃著炒山蘇、蒜泥白肉、刺身綜合盤……唉呀呀、這五更腸旺真的是令人停不下來；S 看著一顆顆剛炸好的「酥炸龍珠」，一臉迷惑地問我：「這是什麼？」

「章魚嘴！」我拿了一顆丟進嘴裡，真是有嚼勁，太棒了！

「你們連章魚嘴都是一道菜？」

「嗯嗯、很好的下酒菜，不是嗎？」喔、你根本不喝酒，跟你談什麼下酒菜啊！

三個小時後，我肚子呈現爆表狀態，估計每個人大約點了兩盤半，份量非常很充足，套句成語便是「酒足飯飽」，這次的聚會除了 L 跟瑪姬外，還帶了兩位新認識的朋友，在這快炒店的氛圍下，馬上去除剛見面的陌生感，那份人與人之間的距離，似乎在一盤盤美味的料理及啤酒的餵養下，通通消失了。

「我想要再來吃一次，生魚片好新鮮！」S 摸摸肚子說。

「你才剛吃飽，已經在想下一次，況且我們兩個人來吃，真的不划算，不像今天這麼有趣，吃到漲肚子，嘴巴還因聊天而感到有點痠！」

「那你就多找點人來，就可以熱鬧一下。」

「……你現在是覺得，我隨便喊一下就有朋友？」

「沒有嗎？」

「有嗎？」

吃完一頓台式快炒，多了兩個新朋友，花了一點時間和舊朋友聊天，然後還帶了一項作業回家 —— 下次找更多朋友一起吃台式快炒。

chapter

2

老法說：「我想嘗試當個台灣人。」

旅行中最有趣的，不就是那不可預期的變數嗎？隨著自己的心，一路慢慢地走、慢慢地發掘，這一間老房子、這一攤菜包店，在網路還沒流行、書籍還沒普及之前，我們旅行靠的是那份探索未知的勇氣，以及期待發覺小秘密的好奇心。

2—1

「貓」跑出來了！

鈴.........................鈴.....................

S一拳把我敲醒，讓我渾渾噩噩地接起電話。

「喂……」我的頭依舊還是黏在枕頭上，心裡想，『這麼早，誰打電話來？』

「你們到哪了？我和 Kay、Lisa 都已到瑞芳了。」對話那頭傳來好友的話語。

「啊啊啊啊啊啊啊.........................我們還在床上？！」所有的瞌睡蟲全散光了，天啊！睡過頭了！而火車還需要轉車呢？掛上電話跳了起來，用力踹了S一腳，「快點起床！五分鐘之內要出門啊！」

「到底為什麼要這麼早出門？」

「不是跟你說過要放天燈嗎？」

「天燈不是晚上嗎？現在是早上耶！」

「別婆媽！要轉車耶！Grace 跟其他人都到了。」

洗把臉、相機帶上，用手刀飛奔到台北火車站，看到任何北上的車子馬上緊接著跳上。呼～踏上火車後，真正有鬆了一口氣，依照慣例平溪支線應該會慢上幾分，說不定這一班還趕得上呢？

「來得及嗎？如果來不及那怎辦？」S大叔轉過頭問。

「不知道，看著辦囉！因為到平溪支線的火車之旅，最需要的是能搭上火車班次，錯過後一小時才一班車。」結果買完一日票卷後，眼睜睜看著開往菁桐的火車搖著屁股說再見。站務員笑笑看著我們說：「Next！」

菁桐有份寧靜，像是墮落荒廢的小鎮，卻在寧靜處有小花朵開著，我們看著日據時代的車站，望著那昔日榮景的採礦業所留下的建築物，其實這一趟旅行沒有多大的目標，只是隨性地逛著，更甚者可以說是對於鐵道、車站的一種懷舊追尋，搭上銀色車體配橘黃邊條的列車，緩慢移動，看著窗外的風景徐徐流逝著，不熱鬧卻有份平實感。

友人 Grace 從「幸福郵筒」寄了一張名信片給自己，她說那是為自己打氣的一種表示，就像周遭的小天燈及留言竹筒一樣，平溪支線讓人感受的不是小鎮的荒涼，而是滿溢的幸福。

是的。脫離學生時代後，我便開始追著旅行夢想，朋友們也都踏入社會，在商場上努力佔有一席之地，一眨眼間沒想到已過了四年，隨著越來越忙碌的生活，平時抽出的空閒時間，能夠與好友們吃一頓飯已經很難得了。而今三五好友走在小鎮街頭，看著藍天、白雲，你一言我一語地答腔，好像回到久違的學生時光，沒有惱人的業績壓力、沒有下一站要去哪的困惑，只有開心的往前走，握住我們期許的幸福。這就是小鎮風情。

「什麼時候放天燈？」S 一整天下來已經等得迫不及待了。

「等到五點好了，待會到十分，火車會在街道中間經過。」

「為什麼只有這裡是有名的放天燈地點？」

「天燈在以前中國就有了，叫做『孔明燈』，就是你知道的『三國』故事裡，當時傳遞訊息用的，而平溪以前屬於原住民部落，後來平地人開墾後，與之發生衝突，加上通訊不便，天燈便用來擔任傳遞平安訊息的任務。」一口氣解釋完。

「哇！你這次回答得很快耶！」

「那當然！」呼！好險我事前查了資料才過來，就知道他一定會問的。只是我還是因為一路沒看到半隻貓而有點失落，怎麼沒有貓呢？不是說這小鎮很多貓嗎？

「算了！我們放天燈吧！都沒貓？」從菁桐、平溪，再逛回十分，已經下午五點多了，貓？我連隻鳥都沒看見？

「你幹嘛執意要找貓？」大夥一頭霧水地問。

「其實也不是執意，這就是事前作功課，結果事後你沒有找到就會很失落的感覺！所以我最討厭人家叫我旅行做功課！在國外我總是隨性地走，但回到台灣帶著 S 大叔，總是想把所有可以獲得的資訊吸收，然後把台灣介紹給大叔，搞得我自己好瘋狂喔！」

原來人在自己國家旅行會做更多的功課？還是因為帶著外國人旅行，反而想要把台灣每一面介紹清楚，所以拼命地找資料？

我一直覺得旅行是人生的一面鏡子，你無法預知未來的樣貌，相對於旅行也是，當你做好了全盤計畫，如果計畫趕不上變化呢？那麼是否也會跟我一樣失落？而我們的一生都在計畫、都在做功課，每個人都在以審視的眼神觀看你對於人生、事物的態度，但我們有什麼時候不是依照計畫進行的呢？

我沒有搭上火車、我沒有吃到預期的平溪豆花？我沒看見貓？

這些好像不值得我這麼執著？怎麼回來後，我全忘了？

旅行中最有趣的，不就是那不可預期的變數嗎？

隨著自己的心，一路慢慢地走、慢慢地發掘，這一間老房子、這一攤菜包店，在網路還沒流行、書籍還沒普及之前，我們旅行靠的是那份探索未知的勇氣，以及期待發覺小秘密的好奇心。

選在十分老街放天燈很有趣，古樸的民宅緊鐵道，走在老街上好像走到老世代，而火車還未到來時，大家在鐵軌上玩耍，似乎只是裝飾用的鐵軌。

S 說：「這會有火車經過？」

TOBY：「啊我們剛不是坐火車來的？」

S：「對、我問了蠢問題！應該是說大家怎麼在這裡走來走去？平時不能走鐵軌的不是嗎？」

「所以這才是特殊風景啊！十分老街鐵路在沒火車經過時可以短暫停留，等火車要來時會有警示，並且也會緩慢行駛，民眾也很守規矩地退到兩旁，火車經過加上十分天燈，你不覺得會有十分幸福的感覺嗎？」

「『十分幸福』？我聽不懂（我這時昏了一下！可惡這梗竟然聽不懂！），但是台灣人肯定是少數擁有幸福個性的人種。不能說是太天真，而是所有事情到了台灣，好像都變得沒有不可能了，很奇怪呢！」

等待放天燈的傍晚時分，剛好火車緩緩經過，人潮忽然出現在天燈商店街上，眼尖的商店小姐熱心地拉住我們說：「放假出來玩喔！要放天燈嗎？我們的天燈的顏色有很多，可以依照個人喜好選擇，紅色代表平安祈福、澄色代表大吉大利、黃色代表學業順利、藍色代表一帆風順……決定要哪一種了嗎？」

「妳說粉紅色是什麼意思？」只要是女的在台灣很容易有「粉紅控」（編按：「控」，指對某些事物有強烈嗜好或堅定信仰的人，此指「給我粉紅，其餘免談」的女生）。

「粉紅色代表美夢成真、心想事成，我們這裡提供毛筆寫字喔！比較有 Fu 啦！那這位外國朋友會用毛筆嗎？」店員笑得超開懷。

「好！」S 大叔回答。中文造詣不是很好，不知道在好什麼好？！

剛開始大家還不太好意思把願望露骨地寫出來，朋友間彼此眼神一看，笑了笑覺得怪不好意思的！後來我在一旁看見一位小男孩寫著「我要長大」。天啊！果然是孩子心底的願望，這麼的坦白與寫實，長大後的我們反而顯得矯情許多，到底有什麼願望不可以說的？於是我大方寫上想要當個作家、變成知名部落客；好友寫著工作順利賺大錢、找到好工作、順利考上教職……

S 大叔在一旁看著看說：「我覺得你們應該寫戀愛順利的！在台灣，女生超過 30 歲談戀愛太難了，在法國 30 歲的女人是最搶手、最美麗的時刻。」

「……啊！」全部的人都啞口無言，這在台灣待上一陣子的「法果仁」（編按：揣摩老法的腔調）竟然也瞭解了女人 30 在台灣的苦境。

「所以大叔，我想過幾年後假使我們分手，我在台灣可是很難找男人，我沒錢又沒青春的肉體，你都說法國人比較愛好 30 熟女了！到時你可能要介紹一些老法給我了。」真的應該未雨綢繆，先鋪好路！

「不可能！」

「為什麼不？」

「因為你太愛我了！你不可能喜歡其他法國人。」

「……」好肉麻喔你！這位大叔，你哪來的自信啊？

批哩啪啦硬是要寫滿整個天燈，寫到最後連要變瘦、中樂透全寫了，連店家都看不下去地趕忙出現：「可以放了！要加鞭炮嗎？」

「還可以加鞭炮，那好啊！」

店家帶著我們到鐵軌中央一聲令下：「抓好！我說放就可以放了。」我們四個人各持天燈一角，雖不是第一次，不知為何這次特別緊張，或許不只興奮不已的心情，而是兩旁都有要放天燈的遊客，大家傳來的聲音都充滿了期待。

「好、放！」剎那間手上像是有朵熱雲飄上去。

「挖！」、「升高了！」、「你看那一顆！」……在鐵軌上，我們第一顆燃上天空，周遭也陸續傳出驚呼聲。加了鞭炮的天燈，一下衝上天，批哩啪啦的煙花，迸發瞬間的燦爛後，留下煙霧，我們抬起頭來看著越飛越高的天燈，心中充滿了感動，飛高的當下，我相信願望一定會實現的。

> 傍晚的雲彩點上火紅的天燈，而在人間地上的我一直到看也看不見那身影，才死心放下脖子問 S 大叔：「對了！你在上面寫的是什麼啊？」
>
> S 大叔斜眼看著我：「健康、幸福，還有世界和平。」
>
> 「就這樣？你哪時候變得這麼有涵養？」
>
> 「人生最重要的是健康、快樂，這就是願望的精髓，我擁有這些，其他願望只要我努力都能達成，但如果我不擁有這些，再努力也沒有用。」
>
> 大叔，你有時候真的是道理王耶！

放完天燈後，所有的精力也被天燈帶走了，我們拖著沈重的步伐等待火車。

這時，S 大叔帶點驚訝的眼神湊到我耳邊說：「有『ㄇㄠ』。」（中文）

「有貓！在哪裡？」我轉了轉頭開始搜尋。

「不是『貓』，是『ㄇㄠ』二聲！跑出來了！」他眼睛像抽搐地瞥向一旁。

「貓？毛？什麼鬼啊！」我隨著他眼神往旁邊一看。

當天等車的人頗多，離我們大約 1.5 公尺遠的一個俏麗妹妹，穿著超級低腰牛仔褲，和一旁的朋友開心聊天，然後看到舉起雙手舞動的剎那，旺盛的毛髮從低腰牛仔褲跑了出來，連我都驚嚇得倒退了三尺……

貓、毛都分不清了我！

「這就是你所謂的『貓』跑出來！可以把中文說清楚一點嗎？」

「我覺得應該要剃毛比較好，你不覺得嗎？」這時換大叔斜眼看我。

「………………」我無語了！

事後這趟平溪放天燈之旅，留下的印象只有「『毛』跑出來」，沒找到貓，至於天燈呢！在那半小時之內，已經被「毛」的驚嚇給掩蓋過了！

風吹草低見屁股

兩天一夜的行程,帶著緊張的心情搭上高鐵,
平常只有在格上(編按:此指部落格,與租車無關)和 Jungle 大哥(編按:
資深部落客)講講話,憑照片感覺去感受某個人的特質,
要跨越那一條線、真實地見面還真是奇怪。

新竹溫泉旅行之旅由格友 Jungle 大哥邀約一些朋友網聚,前往「尖石岩里森林溫泉渡假村」,泡湯兼拍照。兩天的行程完全依照攝影心情安排,先到內灣老街拍照、然後回度假村泡溫泉、品嚐鱒龍魚晚餐、再到戶外露天溫泉、看溫泉魚。

大學加上研究所的時光,讓我在新竹停了七年之久,從第一場戀愛約會到螢火蟲季,內灣這地方並不陌生,但每次到了內灣總覺得年年在變,小時候的記憶混著成長的回憶,很多東西重疊在腦海裡,我在轉變、台灣也在變,唯一不變的大概是那梅花及山櫻花,一棵棵努力綻放的美麗。

只是一到內灣,S 大叔再度哀嚎了一聲:「原來內灣也是火車站啊!」

一知道是火車站,大叔不受控制地在充滿人潮的老街上亂跑,老街早已充滿了商業氣息,販賣的東西也琳瑯滿目,大概想得出來的產品在這裡都買的到。有時真的覺得可惜,台灣每個地方都有專屬的特色,可台灣的老街總是以一個複製一個的方式在製造,雖然帶來人潮也帶動了地方經濟,但長遠的經營之道是要在地深耕,如果老街僅剩下吃吃喝喝,失去值得回味的「古早味」,這就不是會讓人流連忘返的地方了。

11 到 12 月份的天氣，白天氣溫並不冷，但山裡的夜晚真的是沁入骨裡的凍寒。

冬天的台灣真的是溫泉鄉的季節。一到度假村，我已經迫不及待想去泡一下溫泉了，哪等得了四處逛逛，我們一衝進去房間裡，卻一陣沈默……

「浴室在外面耶！好酷喔！」S 大叔打開後方露天私人溫泉的門。

「真的耶！，還可以看星星耶！對面山裡應該不會有原住民吧！在這洗澡、泡溫泉會被看光光耶！」第一次看見開放得這麼徹底的露天溫泉。

「不過、馬桶也在外面，晚上上廁所好冷喔！大便會拉不出來……」

「奇怪，你真的很不喜歡天氣冷耶！你不是從會下雪的國度來的嗎？」

「我是南法人！」

「所以……」

「我們喜歡夏天跟海灘，而且台灣冬天感覺比下雪還冷。」

「哈哈哈、你終於知道什麼叫濕冷了吧！會下雪的國度算什麼，我們沒下雪就快凍死人了。」

「妳是在神氣什麼？」

「不知道耶！」

這裡的溫泉，水泉質為蘊含豐富火山灰的「碳酸氫鈉泉」，據說是美容極品，可充分滋潤皮膚效果極佳，還可促進皮膚新陳代謝，令人神清氣爽！曾聽說過泡溫泉是這樣的，第一、二次算是洗澡，第三、四次稱之為享受，泡上第五、六次就是名符其實的養生了。

我在房裡準備著泳衣準備帶去大眾池，S大叔看著我說：「你拿泳衣幹嘛！」
「別擔心，我幫你從家裡帶來了。」轉身把大叔的泳褲遞出去。
「為什麼要泳褲？泡溫泉不是脫光光嗎？」大叔看著泳褲。
「大眾池哪有脫光光？」
「有啊！去日本的時候，大家都脫光光。」
「OMG！你千萬不要脫光光進去啊！」你是要上演風吹草低見屁股嗎？
忘記跟大叔說明，台灣在戶外公共場合是禁止裸體的，這包括了溫泉，除非是那種男女分開的溫泉室才是「可裸體」的。我腦海裡開始想像S大叔走到大眾溫泉區，經過更衣間，然後脫光光走到溫泉池，啊哈哈哈哈……光是想像我就快肚子痛了！所有人應該是屏住呼吸、無法動彈地說：「阿豆仔奈耶脫光光！見笑（編按：台語，丟臉之意。）喔！」

坐在溫泉池裡,我拍拍大叔的肩膀說:「你真的該感謝我有帶上你的泳褲的。」

只是腳下騷動的溫泉魚,讓我想起泰國考山路(編按:泰國曼谷知名背包客集散區)上一群「醉漢」觀光客,坐在路邊讓溫泉魚啄食腳上的死去皮質和細菌……溫泉魚療這幾年真的好夯啊!從最早發現的土耳其,迅速引進日本、台灣,然後整個亞洲都淪陷了,現在泰國連路邊都有撈魚箱子養著溫泉魚,等遊客上門!

但是吃腳皮一事感覺真隱私,就像自己在家裡浴室磨腳皮一樣,坐在路邊真詭異,一旁還會有人注意看你的腳,驚呼:「好厲害喔!真的在吃你的腳皮耶!」這樣大家不就知道你這女人怎麼腳皮這麼厚了?

想想,坐在溫泉池邊還是比坐在馬路邊有安全感多了。

真感動!沒人知道我的腳皮厚!

第二天一早起床，打算到後方山上登山健行，呼吸一下尖石鄉的清澈空氣，爬上一階階的石板，耳邊傳來輕輕鳥叫聲。今天一早就是快樂的開始，看著光透過翠綠色竹林，身上因為走動帶著些微汗液，但令人興奮的是，待會是回房裡再次享受溫泉的時刻，放鬆一下活動後的筋骨，想到這裡，步伐也不免輕盈了起來！

這兩天的溫泉真的很爽快，泡完個人池、再泡大眾池，睡前再泡個人池，隔日出發至山裡健行前小泡一下，回來後回房間再泡一次……果然符合了第五、六泡的養生說法，整個人都舒爽了起來！對老法而言，心中應該有著和我一樣的想法：如果人生可以這樣不斷在泡湯的步驟中循環，是一件多麼夢幻的事啊！

2—3

「老闆、一碗貢丸湯，不要湯？！」

如果說溫泉讓我們身體放鬆，那麼「薰衣草森林」則是讓精神放鬆。
望向入口，黑板上盡是可愛的手繪，淡淡的花香隨著風飄散。
S 大叔接口：「這裡！咦？真不像台灣。」

的確，放眼過去一大片綠油油的草原景色，歐洲的建築風格，伴隨著遼闊
的山景，園區的主題：「紫」在陽光下特別的顯眼，空氣裡散發著精油、
花香，還飄著飛舞的泡泡。我的童心被彩色椅子上的小熊，整個掀起來，
自以為少女般地跑跳，心情整個輕鬆、開心，這裡的氛圍就像是到處寫著
「Take a rest 休息一下」的標示一樣，處處讓人很想浪漫地停下來，安
靜看看遠方的山、聞聞眼前的花；抬頭看著樹枝繫著遊客寫下的願望紙條，
整個心都熱了起來。

薰衣草森林真的是一個讓人放鬆的地方。據
說這樣的規劃來自於兩位女生，接觸了西方
的香草，放棄原本的工作、拿著僅有的家當，
一起到山裡建立山中花園。在外旅行了幾
年，回到台灣後，每一段走過這片土地的路，
都對台灣都有更進一步的瞭解，也看見每一

個美麗的景點，大家用心的維護與經營。當然「人」一直是我一路上旅行最
大的收穫，感謝 Jungle 大哥的邀約，這一趟溫泉輕旅，讓網路上的友誼可
以踏入真實的生活，一起走在旅行的路上。

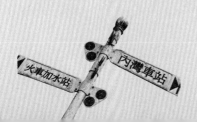

抬頭看著樹枝繫著遊客寫下的願望紙條，
整個心都熱了起來。

回程我們和其他人道別，轉去重溫過往的學生時代，帶 S 大叔逛逛護城河、吃吃新竹貢丸……就在火車站附近的一間麵攤，因位置便利，人潮爆滿，好久沒回新竹了，這次特想來吃一下。

TOBY：「這個城市有名的是貢丸，要吃嗎？」
S 大叔：「那是什麼？」
TOBY：「豬肉丸子嘍！」就在我跟老闆娘喊著：「老闆娘來碗貢丸湯！」時，S 耳尖認得這個字，「湯！喔喔喔～我不要湯。」

「啊啊、老闆娘等一下，我晚點再叫。」我轉身跟 S 說，這裡貢丸沒有單純賣丸啦！那乾脆去 7-11 買貢丸就好了！
「我就是不要喝湯，那個不是湯，是熱開水。」S 大叔皺著眉頭。
「那哪是熱開水，用大骨熬的好不好？而且你都吃牛肉麵了，裡面不是也有湯嗎？你也都喝光了啊！」
「牛肉麵跟這湯不一樣，我不要吃這個，你說 7-11 有，那去小 7 吃就好了。」
「那不一樣啦！那我喝湯、你吃貢丸不就好了。」在這樣一來一往，大叔儼然已經失去了興致，為何法國人的肚子這麼難搞捏？明明在國外旅行的時候也都吃路邊攤，怎麼一住在台灣完全變個樣，以往的隨性去哪了？
「我要去吃 7-11！」大爺他轉頭就走。吃不到貢丸和米粉，我火氣一來，打了他一拳，結果這個壞大叔，還手也一拳。
「幹嘛打我！」
「為什麼還手？」我越來越氣。
「你打我，我當然還手。」
「你是男的，不會讓我打一下嗎？」
「為什麼要讓？你可以打我，我也可以打你。」我頓時無語了。
是啊！為什麼？我被這個社會養成習慣了嗎？
還是我無法接受對方跟我說聲：「不！」？

確實從頭到尾，S大叔從來沒說過要吃貢丸，而我一心覺得這他應該會喜歡吃，曾幾何時我預設了這麼多立場？旅行的時候，不管要吃什麼都自己決定、不喜歡也是轉頭就走的人，為何在台灣卻讓我怒火上升了……

或是因為這是我的故鄉，所以讓我變了吧！而眼前的S大叔，自始至終都是標準的法國人，那個對於「吃」有著龜毛自我幻想的喜好，如果無法找到他想吃的，餐餐吃乾泡麵也沒關係，餓死都願意；但如果可以選擇，他會徹底順從自己的胃，不會有一絲勉強！

我們倆一言不發地走到便利商店，買了食物，帶上巴士返家。
美妙的一天，卻因一顆貢丸而魂飛，早知道就跟老闆娘說：「老闆娘，麻煩！貢丸湯，不要湯。」

P.S
台灣人愛喝湯，菜頭排骨湯、筍子湯、苦瓜排骨湯、麻油雞湯……樣樣我都愛不釋口啊！但對法國人來說，少有喝湯的習慣，就算有，也都是很濃的泥狀物，因此對於「湯」←這個字，應該會等於南瓜濃湯、洋蔥濃湯等等。

真實的生活，旅行的路上。

擂啊擂！這個不是茶……

假日一到，全家攤在客廳裡不知道要幹嘛。
忽然老母說：「我們三義去看桐花好了！
不是有桐花季嗎？這應該阿豆仔沒看過。」

當天出門時，大夥都跟 S 大叔說要帶他去看「花」，不過桐花對我們的英文程度來說，太難了一點。結果全家人望來望去，無法解釋「桐花」是什麼花？只能形容是長在樹上，像白雪一般。

一路伴隨著他一臉狐疑地到了勝興車站後，花是沒有看到，人倒是要爆了！原來桐花節還沒結束，但桐花也太快結束了吧！特別大老遠跑來看花，沒想到花朵都凋零在地上。來到客家桐花季，花沒看到，那麼客家菜或客家擂茶就一定要帶大叔品嚐一下，老母決定：「我們一起擂！」

老闆：「好喝的擂茶，除了材料外，就是磨的功夫了。」於是全家人非常之認真地擂了一個小時，深怕油香跑不出來，再加上我們可是跟 S 大叔大力推銷這茶多好喝，萬一「擂」失敗，不是很漏氣？！作為一個台灣人要有志氣，不能整碗被人捧去，所以一邊催促 S 大叔也加入親手磨的行列，然後細心對他解釋特色以及對身體的好處。

❶　　❷　　❸　　❹　　❺

熱
血
!!
■ 愛呆丸

「這喝下去可補了！除了體力好外，還會聰明伶俐。」

「可是這看起來有點恐怖耶！」S大叔驚恐地看著店家把熱水沖泡到磨缽裡，茶香漸漸混著穀物的香味，一鼓作氣全繃發，呈現濃濃的顏色。全家人雙眼亮晶晶地看著杯裡的擂茶，經過自己不停的手工，杯杯擂茶都快變成仙水一樣灑著光輝，捧起來、喝下去的一口，一家子的表情充滿了感激的神色。

「喔！細胞都活起來了！有熱精力湯的FU……」

唯獨老法用一臉狐疑地看著眾人，拿起杯子猛喝一口，卻摀住嘴巴說：「這不是茶，是湯！而且是甜的，好奇怪！」我們努力磨了一個小時，結果不太受歡迎，忽然背後有股冷風吹過……

最後只好繼續拉著老法逛逛老街、吃吃草莓香腸、再轉戰木雕街……不知怎麼搞的，現在每次出門好像必須要為台灣爭點光，怎樣也要弄到「外果仁」感到有趣的事物，盡心盡力讓他覺得台灣是寶島，怎麼可以洩氣？老話一句：做人絕對不可以沒有志氣！！

果然，三義木雕街各家師傅的手工，讓老法著迷；精緻的達摩像、鬼斧神工的象牙雕神像……件件都是藝術品，雖然大多無法拍照留影，但三義木雕街讓我們在「落花桐花季」與「像湯一般的擂茶」被相繼嫌棄之後，扳回了一成。

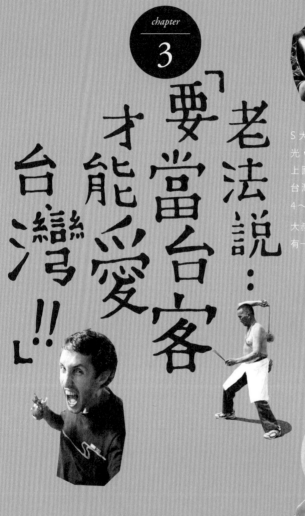

老法說：「要當台客才能ㄥ愛台灣！！」

S大叔住在我家的時光，前後算一算，加上國外旅行途中轉回台灣的時間，竟也有4～5個月左右，所以大叔五年的亞洲旅行，有一年半給了台灣。

我家隔壁王爺生

我住在海邊的鄉下，
打開門看見田、遠方隱約看見港灣的那種風景，
最近的小7有1公里遠，
附近的熱鬧小鎮要騎上10分鐘的摩托車，
大概就是這樣的地方了。

從台北搬回台中後，S大叔最不習慣的就是便利性了。記得我們從台北坐巴士到台中市，只要2小時，但是從台中市等公車、坐公車回家，我們總共花了2個半小時……沒想到回家的時間，竟然比台北到台中遠？

S大叔住在我家的時光，前後算一算，加上國外旅行途中轉回台灣的時間，竟也有4～5個月左右，所以大叔五年的亞洲旅行，有一年半給了台灣。每一次因為籌備某些旅程所需而得回台灣的我，大叔也就跟著回家住些日子。

鄉下有趣的是這樣。
我們在路邊站牌等公車，打算去豐原找友人，這時有位阿桑走了過來，看了看我說：「小姐，也要去豐原喔！」
「對啊！」
「這是妳朋友喔！你們去豐原幹嘛？」
我看了看S一眼說：「嘿啊～找朋友啦！」
「我跟妳說，這車很少人搭，下午坐車比較安全，有人一起也比較安全啦！」
「對啦！這班次少，海線去豐原的人也少啦！」
「妳是哪裡人來這坐車啊？」
「我是梧棲人，現在住清水啦！」
「我是沙鹿人，啊小姐，妳幾歲啊？」
「我32歲了。」
「啊捏喔！妳要趕緊結婚啦！我跟妳講，我有女兒也三十幾歲了，叫她嫁就不嫁，說什麼要去台北打拼，妳看打拼了幾年，錢也沒賺到，

結果男人也沒遇到幾個，然後……」

半小時過後。

S大叔走了過來在耳邊說：「妳認識的？」

「不認識啊！」

「那她一直跟你講什麼？」

「講她女兒、講她搭車的經驗……」

「我以為你們認識，講得這麼熱絡！這裡跟台北真的很不同耶！我們在台北等公車，從沒看誰跟妳聊天！」

「土親人親啊！住在這裡，大家都會覺得是鄰居啦！沒看過也是可以聊天。」

這就是我住的地方，等車有阿桑會跟妳有一搭沒一搭地聊天，告訴你家裡的大小事；打開窗，小鳥們嘰嘰喳喳等著田裡的稻穗成熟，風也一面吹，天氣少了一點北部的潮濕，少了一些南部的熱氣，很適合睡覺。

某日。批哩啪啦……鞭炮聲四起。

「哪是什麼？」S大叔從睡夢中驚醒。

「喔！是我家隔壁的王爺生，應該是開始慶祝了！今天會有很多活動喔！」其實我一直搞不清楚台灣的民族慶典要準備些什麼？都是我媽叫我去買哪些金紙、桌上該擺些什麼……有時候我會懷疑是不是到我這一代，這種燒金紙的習俗會徹底消失？好的是沒有污染，壞的是，文化的一部份就沒了。

我們全家各自拿著香，口中依照阿嬤交代的請XXX王爺保佑全家。大叔其實在台灣從沒拿過香，我們聊過信仰問題，我一直以為他應該是天主教，但他說本身是無神論者，雖然小時候父母經常帶家中孩子在週末上教堂，但長大後真的要說出一個宗教信仰，對佛祖比較有興趣，卻又申明自己不是佛教徒，只是喜歡佛祖的理念，因此，拿香對他來說意義不大，不是不能拿，只是不想拿。

「啊！你們家那個阿豆仔咧！怎麼不見人？」隔壁嬸婆開口問。

「可能衝出去拍照了，第一次看到王爺生日。」S大叔的確跟著門前經過的陣頭不知去向。

忽然遠遠看見S緊張地跑過來說：「那邊有一個脫掉上衣的男人，一直拿刀在身上砍自己耶！看起來有點神智不清，而且其他人好像覺得這舉動一點都沒有很瘋狂，都站著看，還會遞上不同的武器，一直放著鞭炮！他的背開始有血了耶！然後竟然有人對著他一直從口中噴水⋯⋯」

「這個台灣民俗之一，他很正常啦！是一種特別的職業叫『乩童』，在你們國家來說，就等於靈媒，其實有異曲同工之妙。」

「差不多？差很多好不好！法國的靈媒不會砍自己，台灣是我看過最瘋狂的，血噴來噴去，大家還好開心！好瘋狂⋯⋯」

記得跟家人參加進香團也會看見「乩童」，通常在炮聲硝煙、鑼鼓喧天的陣仗裡，他們下半身清一色穿著燈籠褲，上身赤膊或僅圍一件刺繡鑲亮片的肚兜，手上拿著各種奇怪的兵器：鯊魚劍、流星錘、狼牙棒等等，誇張的步伐，眼神半睜半閉，一面前行，一面將手中的兵器不斷往自己身上砍，大多是背上，鮮血淋漓是很常見的，也有像S大叔所看見的，乩童後方不時會有人含著一口米酒，往他背上猛噴。

雖然小時候已經見過，但是當乩童隨著隊伍從眼前經過時，我還是忍不住站在一旁看著。這果然是一個神秘的職業；究竟要有怎樣的心情跟訓練，才能拿刀砍自己，幫信徒鎮鬼安宅呢？

「他說蝦米？」嬸婆問我。

「他說我們台灣人瘋了，拿刀砍自己，說可以幫助別人。」

「哈哈哈～跟他講，不用怕啦！那個乩童很厲害的，有神明護體，不會痛！」我照著跟S翻譯，大叔一臉不敢置信地拿相機繼續拍照，離開前還聽到他嘴巴默默在說：「真的瘋了！」

隔了好一陣子，再度回到台灣的我們，在某夜……

批哩啪啦……鞭炮聲再度四起，黑夜中也出現了煙火。

「這次是什麼慶典？」大叔問。

「應該是保生大帝生日。」我看了看日期。

過了些時日，又是某個夜晚……

批哩啪啦……鞭炮聲再度、再度響起、黑夜中也再度出現了煙火。

「那這次呢？超級熱鬧的樣子？」大叔問。

「這是我們之後會去參加大甲媽祖繞境的媽祖生日慶典。」

過了些時日，又是某某某個夜晚……

批哩啪啦……鞭炮聲再度、再度、再一次響起、黑夜當然出現了無數煙火。

「媽祖還沒結束嗎？」大叔問。

「這個啊！應該是觀音媽慶典。」我看了看日期。

又過了些時日……… 附近的鞭炮響。

再過了些時日……… 附近有煙火花。

S 大叔忍不住說：「你家附近有多少慶典？我發現他們從來沒停過？」

「也不是，只是剛好附近很多神明！」(驚) 要不是大叔注意，我以前還真的不知道，這鄉下裡的鞭炮聲、煙火聲，好像從來沒有停過，原來身邊有這麼多神明陪伴，在這個小小的地方上，不吝嗇地保佑我們度過每一個好日！

逢中秋,「高調」烤肉

我家的中秋節每年都很 high！
可以說走烤肉的高調路線,想得出來的東西通通有,
海鮮、蔬菜、肉類、啤酒......一應俱全！

記憶裡大弟的友人在某年中秋節來訪,我家陳小姐(阿母)一時興奮,馬上去超市買了兩箱啤酒,當晚幾個年輕人完全拼不過陳小姐,醉倒在我家二樓;或是某年家裡連烤了三個禮拜,第一週試烤、第二週正式烤、第三週陪烤,連續三週簡直都快變烤肉臉了！今年呢？今年沒有友人來訪,而是 S 大叔和小弟的女友加入陣容。

我們才踏進家門,就聽到大弟說:「出門了！快　」
「啊？快～是要去哪?」我跟 S 大叔包包都還在身上呢。
「我們要去台中港搶貨啊！開玩笑等會什麼都沒買到怎麼行?」

每個人都像急驚風一樣衝到台中漁港去採買海鮮。台中港果然人山人海,住海邊的好處就是買海鮮方便。從小到大我家都會烤「鮮蚵」,因為小時候住對面那幾戶人家剛好是挖蚵的,季節一到總是有甜美的蚵湯好喝,但自從父母離異搬離後,餐桌上就很少出現「蚵」,只能等每年中秋節大快朵頤一番。

> 只是 S 大叔一直在旁碎嘴:「生蠔不是要生吃嗎?哪有人用烤的?」
> 「唉唷！你們那個叫生蠔,這是牡蠣！」我努力用我的破爛英文解釋,但是牡蠣不就是生蠔,我到底在解釋什麼?生蠔是蚵的一種,怎麼自己越解釋越混亂......
> 「算了！就一樣是 Oyster,但這種不能生吃！」
> S 大叔看了看,「不能生吃,太奇怪了！我不想吃。」
> 「..............................」

採買回來、準備食材後，接下來就準備生火，天色漸漸暗了，不難發現整條街的住戶都在烤著肉、喝著啤酒、賞著暈黃的月亮；為了這一天，街坊可是忙了一個禮拜呢！

S 大叔問：「為什麼有中秋節呢？」

「問得好！因為嫦娥偷吃了后羿的不老藥，飛上去了！」我說。

「是這樣嗎？嫦娥是誰？后羿是誰？月亮上有什麼？跟月餅什麼關係？」S 又問。

「因為有兔子！嗯～還有一個砍樹的，那是誰啊？啊、對啊，為什麼有月餅？」大弟說。

「不是吧！講這個是神話，他會搞不清，那月餅......」小弟說。

「好像是哪個誰要起義，然後在月餅裡藏紙條。」我說。

「所以本來就有月餅，所以為什麼會有吃月餅這東西啊？」S 大叔又一臉迷惘。

然後全家看了又看......啊！吃啦吃啦！

「那為什麼中秋節一定要烤肉？」S 大叔再次問了！

「......」這次誰都沒有回答了。

酒後三巡

「很悶喔！我去放音樂！」大弟突然衝進客廳，沒多久，傳來了震撼的舞曲聲。

然後……就看我家老母，從凳子上站起來，跳了麥可的「戰慄」，抓了下面抖了起來……兩個弟弟在一旁叫囂，不甘示弱的大弟來了段「霹靂舞」，之後音樂聲再次來到高點，胖碩的小弟不落人後地來了段「機器舞」……S大叔則在一旁傻眼地看著我家人發酒瘋。

幾個小時過後，吃飽、喝足，酒瘋也過了，中秋節不免俗地要製造一些煙火！今年的煙火是走可愛路線，S大叔開心地拿著煙火說：「這個是最有趣的部分，放煙火耶！呼呼～」

拿著煙火那一剎那，大弟說：「這樣好有初戀的感覺喔！」讓人想起小時候跟著隔壁班的某某某一起放煙火的那美好瞬間，但火花一熄滅後，記憶好像也就消失了，耳邊只有S大叔開心的笑聲，還有阿姨一邊笑、一邊害怕被煙花噴到的叫聲。

有煙火的中秋節，真是「初戀的節日」。

至於大家都會問，S大叔有喝醉嗎？

唉呦～宅男不喝酒啊！他只是飽到都淹到嘴巴口了！

有煙火的中秋節，真是「初戀的節日」。

為什麼要吃蚵仔煎？

連續好幾年的農曆年，全家初一會先到廟裡拜拜，
安太歲、光明燈，然後前往鹿港天后宮繼續朝聖。
這一年也不例外，
當然跟我回家度過兩次台灣新年的大叔，聽到要去鹿港一整個僵硬，
這說起來又是一個故事了……

鹿港小鎮的百年老街是最能代表鹿港傳統文化的景點，這條老街是中部地區在清朝時期最繁華的一帶，從早期大陸先民移居台灣，彼此往來貿易，便開始這一區域成立商行，據說當時的貿易規模是全台灣最大。但西海岸海灣易淤積，商船貿易量減少，加上時代進步，人口逐漸外移，舊日的繁榮興盛已消失，剩下的就是僅存於老街上的美麗街屋，經過居民的整建、產業文化的推動，保留了大量的古蹟建築，如今的鹿港不管在節慶或是假日時，都可以深深感受舊時那盛況空前的熱鬧氣息。

可帶著 S 大叔逛鹿港，最大失策就是「過農曆年時前往」。

我認為要體驗鹿港真正的美，是在平日的清晨或傍晚時分，有著老街悠活的風情，還可以跟附近的阿嬤、阿公閒話家常，騎腳踏車或僅用徒步的方式，穿梭在小巷內，品嚐文化之美。雖說這樣的悠閒，少了繁華又熱鬧的氣氛，但過年時比肩接踵的人群，真的很可怕！兩個弟弟和 S 大叔都會不斷在眼前突然消失、又突然出現，等我們找到彼此，一起衝過人群到廟門口，便看見阿姨、老媽、阿嬤手上都拿著香，準備一一分發給我們……

這時S大叔眼眶泛淚，有點哽咽地說：「我等一下拍完照，在廟門口等你。」

「你不進去嗎？你可以不用拿香啊！」奇怪，你感動什麼勁？

「不、妳進去吧！不用管我。」依照參拜順序拜過一圈後，全家如釋重負，阿姨說：「很好、拜完了！祝大家新年快樂，我們可以去外面吃海鮮囉！」

到了門口後我問大叔，為什麼不進去？

是太感動了嗎？奇怪、無神論者為何對天后宮這麼感動啊？

S大叔說：「我知道有人上教堂會流淚是受到感動，我雖然不是很相信這些感動之說，但我想我這個什麼都不相信的人，來這都流淚了……」

「對啊！為什麼啊？」

「因為……廟裡面煙霧瀰漫！我的鼻子、嘴巴、眼睛第一次遇見這麼多香燭的煙霧，它們全都失靈了！妳不會覺得超多煙的嗎？」

「習慣就好，台灣很多鼎盛的廟宇都是這樣，但今天也算是特別啦！人多，在習俗裡，初一要出門拜拜，祈福。」

「男人有淚不輕彈，如果有外國人剛好看到我，還以為我是多愁善感，在廟裡受到感召。」

「…………………………」有這麼嚴重嗎？

好吧！今天的香燭確實多了點，我看了一下廣場及廟裡的人潮……

嗯！好像不只一點，真的很多、非常的多。

天后宮門口有好幾攤的海產店，各攤人聲鼎沸，好不容易有位置坐下，馬上點了必吃的台灣料理——蚵仔煎、蚵仔湯。經過中秋節的 BBQ 之後，S 大叔知道台灣的蚵仔是煮過的，他也逐漸接受蚵仔麵線等料理，不過當熱騰騰的蚵仔煎，淋了甜辣醬汁端上桌時，他面有難色地問：「這是什麼？」

「這就是有名的 Oyster Omelet（編按：英文，蚵仔煎之意）！」

「看起來有點像摻著鼻血的鼻涕。」大叔撥弄著蚵仔煎，我則是差點被嗆死。

「不會啦！很好吃的，你自己說過，東西要吃三次才知道好不好吃，所以第一次一定要試的。」我看著他，很努力地嘗試著⋯⋯

最後，大叔有吃完嗎？

有的，只是他的評語是：「我其實喜歡 Oyster，然後我也愛 Omelet，但我不是很喜歡加在一起的 Oyster Omelet，你們一定要混著吃嗎？」

「混著吃才是台灣獨有啊！」

「果然是太獨特了，怎麼會想出這樣的料理呢？我想我還要再吃兩次，才會徹底承認『我不喜歡』；但我強調我真的偏好 Oyster 是 Oyster、Omelet 是 Omelet，這個口感太像鼻涕了。為什麼一定要吃蚵仔煎呢？我看見路上有很多好吃的？有烤海鮮、有煎餅，牛舌餅也很好吃啊！為什麼要吃蚵仔煎？」大叔一邊說，一邊歇斯底里地思考，台灣人究竟如何變出這道菜的⋯⋯難不成是因為吃到自我幻想的鼻涕，導致人有點瘋狂了？

我們曾造訪幾次的日月潭

「妳知道為什麼叫日月潭嗎？」S 大叔一副神秘地問我。
「啊！我不知道？」
「嘿嘿、我知道，等一下坐纜車時再告訴你。」

當我們在高空纜車裡，真的挺緊張的，對我這個怕高的人來說，纜車好像
憑空在移動，窗外有著風光明媚的日月潭，我緊張到只能用眼角欣賞。而
這時大叔還不停動來動去，拿著相機拍照，讓纜車微微晃動，我輕聲制止，
只聽到 S 大叔回說：「看不出來捏！奇怪。」

「什麼東西看不出來？」
「日月潭的由來啊！」
「為什麼日月潭的由來要用看的？」
我很努力往外看。
「日月潭是一個形狀像太陽、一個像
月亮組成的潭，所以叫日月潭，不過
現在我看不出來是這樣的形狀……」

在我們曾造訪過幾次的日月潭，對於這個知名風景區，大叔說：「人多到快
看不到日月潭的美了，而且為什麼我們每次來這裡都要吃香腸、喝紅茶？」
「沒有都要吃啦！但是就像到台東的東河一定要吃包子、或到台北怎樣都要
吃一碗牛肉麵、到九份一定要吃芋圓、到金山一定要吃……」
「好、停！我知道了！反正就是必吃就對了。」
「沒錯！你很瞭解的，台灣每個小地方都有名產與特色小吃。」

認真想想，小吃根深蒂固地深入到台灣每一個角落，好像到了每個地方就只
能逛街、吃東西，欣賞湖光山色反而變成次要條件了。但不可否認，好吃的
東西吸引了觀光人潮，而人潮的確帶動了地方經濟，但這之間的拿捏，如何
永續經營，就是一門大學問了。

「其實要看日月潭的美，就要在一片山霧飄渺中顯得如夢似幻的早晨或黃昏，那時候的日月潭，真的有少女一般的夢幻。」我望著潭水發著呆。

「我也這樣想，不過那要多早起來？每次來都很多人，比較起來我反而喜歡慈恩塔的安靜，白色石頭讓塔的顏色變得好美，同時又能欣賞日月潭。」

「嗯！上次有跟你說是蔣中正總統為母親蓋的，但據說也有特殊的風水安排。」

「風水？我不是很相信風水！在法國也有不少人接觸風水，所以你相信？」

「我是念景觀學的，風水其實和地理上的生態條件息息相關，主要是讓人類生活得舒適，因此我覺得有它應有的道理在。」

「那慈恩塔代表什麼？」

「潭中島、玄奘寺與慈恩塔，大約建造在同一條線上，據說看起來像是龍頭伸入潭中取水，潭中島是取水處、玄奘寺等於龍頭，而慈恩塔就是龍之心臟部位。」

「又是龍！這地方聽起來更酷了，只是我不懂這為什麼要建得跟風水有關？」

「好像是因為蔣總統當時生病了，想用這種方式讓身體健康，以保國家安順。」

「…………………………」

「別那種表情！這可能是真的，也可能只是大家傳來傳去。」

「如果我生病了，快要死去，不用弄什麼風水，等我死了把屍體燒一燒，骨灰灑在海裡就好了。」

「………………你本身有攸關國家安順的偉大之處嗎？」

「好像沒有？」

「那你現在是在憂愁什麼？」

「我怕你搞什麼風水啊？」

「…………………………吃香腸吧你。」

我記起大約 14 歲時跟父母來日月潭吃飯，一邊吃飯一邊看著湖面，那時水潭美得像是一幅畫，陽光在山頭閃爍，照耀成某種炫光，湖面上吹著淡淡的風。我看見漣漪在飄盪，柔柔的光在霧裡，透過細微的陽光灑下，創造出迷幻的光影，日月潭有著獨特的美麗。

今天有著藍色的天空，一樣波盪的潭水，但周遭一切，都不一樣了⋯⋯

文武廟中滿滿的許願鈴，在陽光下閃著金色的願望，隨著風轉著⋯⋯

突然嘆了口氣，還是跟大叔吃香腸比較自在。

柔柔的光在霧裡，透過細微的陽光灑下，
創造出迷幻的光影。。

··
同場加映

每次來到自家附近的高美濕地，

總是讓心胸感到異常開闊，卻又摒住呼吸，

總是會想，那起地平線另一端有著什麼？

特別在夕陽即將沈落下來的那一刻，

周遭的顏色漸漸改變，在橘色和粉紅色之間，

時間好像停留下來了……像夢一樣的地方……

我一直認為身為一個年輕人，
是需要去遊歷這個世界、這個人生，
如果拘於一地，只是依照所有人的腳步走，
見識未免有限，交遊也不能廣泛，
這不是容易坐井觀天嗎？

記得當年背起背包在長期旅行的第 5 個月時，老母在電話裡說：「你不知道『父母在，不遠遊』嗎？妳是要等我死了，才盡孝道嗎？你沒聽過『子欲養而親不待』嗎？你既然這麼不愛家，乾脆不要回家了……」老母把電話掛了，而我在印度街頭哭得死去活來。

我沒有不愛家，只是想掌握自己的人生，我也知道身體是父母給的，但是我也不想，這輩子就這樣過了。我在想，以後如果生下了孩子，我會說出那樣的話嗎？還是，會跟孩子說，只要快樂，去追尋你想做的吧！

我常常 ISO 值忘了調、色溫忘了轉換……
但這又何妨呢？多數時候，美麗的照片總是會不經意地出現。

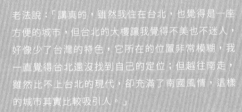

老法問：
台灣的
歷史？

老法說：「講真的，雖然我住在台北，也覺得是一座
方便的城市，但台北的大樓讓我覺得不美也不迷人，
好像少了台灣的特色，它所在的位置非常模糊，我
一直覺得台北還沒找到自己的定位；但越往南走，
雖然比不上台北的現代，卻充滿了南國風情，這樣
的城市其實比較吸引人。」

阿伯帶我們去看鹽

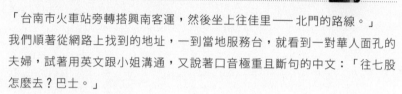

四面環海的台灣，有著靠海的美麗，
而採鹽生活透露著一步一腳印的精神，
雖然鹽業已經不如往昔，但是在腦海裡卻永遠有著鹽山，
以及曬鹽的人們在鹽田上辛苦撥弄海水的畫面。

「台南市火車站旁轉搭興南客運，然後坐上往佳里 —— 北門的路線。」
我們順著從網路上找到的地址，一到當地服務台，就看到一對華人面孔的
夫婦，試著用英文跟小姐溝通，又說著口音極重且斷句的中文：「往七股
怎麼去？巴士。」

「需要幫忙嗎？」我說。

「喔喔！會講英文嗎？我要這地方！」夫婦倆希望可以一次將票買齊，免
得到佳里轉車去七股時，又得再花費一次力氣。

S 突然用法語說：「你們講法語嗎？聽起來的口音很像。」
這時就像他鄉遇故知，忽然間這對老夫妻批哩啪啦地講起法語來了！眼神
散發著開心與得救的感覺，過了一會 S 問我：「我們要去的鹽田，比七股
好嗎？」

「不能說比七股好，但型態不一樣，七股是鹽山，有博物館，而北門是鹽
田，有人們在那裡曬鹽，面積不大卻保存了舊時的傳統做法。」

「可以跟你們一起去嗎？」老夫妻倆說著。

「是可以，但我們也沒去過，說不準是不是比七股好！」心想我這「半仙
式」的旅遊方式，通常都隨性而致，到時候找不到鹽田怎辦......

「沒關係！可以一起去嗎？」就這樣，北門鹽田之旅，頓時變成四人行。

大約經過 80 分鐘左右的公車車程，終於到了北門，往鹽田的方向走去，
一個人也沒有，我們吹著風，看著鹽田裡零散的鹽塔，這時腦袋裡閃過了
「八八水災」一詞，啊、忘記這個重創南台灣的颱風了......
不遠處有一位在修築鹽田堤防的工程人員，我趕緊上前詢問：「阿伯、借問
一下！這裡就是北門鹽田的全貌了嗎？八八水災是不是把所有都淹掉了」。

「小姐喔！對啦！颱風甲這攏吹走了！不過這裡還在整修，你講的那個國家管理區在後面捏，你奈耶走來這？」阿伯停下手上的工作說著。

「會很遠嗎？我們是坐公車來的……」希望不要走太久啊！

「啊捏喔！小姐，汝哪無棄嫌，我叫工人用工程車載你們過去可以嗎？」

「喔阿伯！你人真好，那就麻煩你了捏！」天啊！台灣人就是這麼好，旅行的時候，總會遇到熱情的援助！

北門鹽場——井仔腳鹽田，為了避免粗鹽和泥土相黏，所以將破碎的瓦盤人工拼貼而成，鋪設鹽田的結晶池上，以便採收更潔淨的鹽粒，而這也形成了特殊的地理人文景觀。

一格格的鹽田，在陽光下散著金色光芒，遊客不多，大家很熱切地討論台灣舊時如何採鹽，看著曬鹽的婆婆們以工具擺動著海水，我觸摸著粗糙的鹽粒，從手心感受那歷經辛苦的汗水工程，才得以在手上散發海洋味的顆粒。風吹著臉龐，看著鹽田，真的很令人感動，我盡情按著快門，試著用那小小的視窗，把美景塞進去我的相機裡。

過了一段時間，雖說南部冬日的太陽並不刺骨，但海風可不能輕忽，吃了「鹽做的冰棒」後，更是爽在嘴裡、冷在心裡。眼看一台一台私家車漸漸離開，我趕忙去問了一台遊覽車是否可順道載我們回鎮上，那導遊一臉不能置信地看著我：「啊、你們怎麼來的啊？」「哈哈哈～因為有跟你們一樣的好心人載我們來的。」我大笑地說著。

後來在搭公車回台南市區的路上，S大叔開心地說：「我最喜歡在台灣旅行，因為每一次台灣人伸出援手，都讓我深深感動，讓旅行變得很有意思，更可以感受到這片土地上的人情味。」「這就是台灣！」我開心且驕傲地說著。

這一趟鹽田之旅，劃下了美麗的句點，不僅認識了華人臉孔、加拿大籍卻講法語的 Joseph & Joseph 夫婦（沒錯、夫婦的名字是一樣的！），並感受到在地人的親切，以及深植於我們靈魂裡的台灣精神──人情味，當然、多半是因為離開前，我還帶上一包「免費的粗鹽」，真的是「有吃又有得拿」啊！

S 大叔：「每一次台灣人伸出援手，都讓我深深感動，讓旅行變得很有意思，更可以感受到這片土地上的人情味。」

收集旅遊平安卡

幾乎每個碰見的朋友都會提上一句：
「一定要帶 S 大叔去台南啊！哪可是以前台灣的首府」。
搞得 S 大叔每天都在問：「什麼時候要去台南啊！大家都說很美呢！」

藍天，輕風吹拂。

12 月的空氣漂浮著暖暖的味道，這就是冬日的南台灣，我這個「假台北人」的台中人，一到了台南，微風混著藍天，整個人都舒爽了起來。我們擺脫了在台北驚人的步調以及每天潮濕的心情，可話說回來，大城市不都是這樣嗎？如同英國的倫敦，一年有兩百多天是在陰暗的細雨裡度過，更別說法國的巴黎，只會偶爾閃出迷人的太陽；這時仰頭望向沒有一絲白雲的藍天，我狐疑了起來？如果台南還是台灣的首府我們是否會被世界列入「工作產量一樣驚人，但卻是有著椰子樹的悠閒島國」呢？身為台灣人的我，不知如何跟外國人解釋一個小小的寶島，卻有這麼大的南北差距，北部人站在時代的前線跟南部人享受生活的悠閒，該如何選擇呢？況且從南走到北才四百多公里，而綜觀百年來的台灣歷史，複雜到儘管身在歷史前線，依舊困難重重，不管是赤崁樓、安平古堡、安平樹屋、德興洋行、延平郡王府等等，在這一場場追逐荷蘭人與鄭成功的腳步下，我是氣喘吁吁。

旅遊平安卡

蒐集自己人頭卡片的遊戲，雖說一開始是在建立旅行安全，但不知怎麼了？看到自己照片出現在小卡片上，背面又是歷史建築與文化景點的影像，這把原本只是到此一遊觀光的行程，提高了不少 Ｃ／Ｐ 值（編按：capability／price 的縮寫，意指「價值」與「價格」比值），點燃了景點遊興與收藏價值；雖然這已經是很久的措施了，但對於外國遊客來說很新鮮呢！ S 大叔可是卯足了勁要達陣！

赤崁樓

赤崁樓是我們到達台南後第一個觀賞的古蹟，在歷經不同動亂、變遷、整修，幾近風霜地活在時代的洪流。我東摸摸、西看看，小時候課本的記憶，一點一點跟著樓中所展示的歷史文物回到腦袋，我一邊跟 S 大叔解釋，一邊則是驚訝台灣文化真的很豐富！

我站在樓前望著天空與大王椰子，享受著古老文化的氣息，不禁驚嘆道：「你看、屋簷上除了雕有徐徐如生的魚外，還有一隻小鳥耶！好逼真，真的超像的！」
「哈哈哈哈！你傻了喔！那是隻真鳥好嗎？」
「不是吧！它都不動啊！」我揉了揉眼睛，天啊、不一會鳥兒就飛了，我的臉皮也飛了……好險周圍沒有遊客聽到，只有 S 大叔在不斷笑我傻。

安平古堡

老一輩的人稱為「台灣城」，是台灣最古老的城堡，原本的建築型態為西方稜堡形式的海岸堡壘，但在日據時代夷為平地後重建了，每次來到安平古堡總覺得帶了點憂愁感，讓人回想到台灣一直處在被佔據、殖民、佔據的情勢……好在靠著台灣人堅強的個性、強壯的草根性，讓我們在這片美麗的土地上生活了下來。

安平樹屋和德記洋行

安平樹屋原本是「英商德記洋行倉庫」，因此前方可以看見藍白建築的的德記洋行，在南台灣的藍天下，散發著地中海情調，至於安平樹屋則是因荒廢許久帶了點神秘感。

「好像小型吳哥窟，樹根交錯盤雜在建物間，連光影都顯得美麗。」S說。「你怎麼知道？大家都這麼說耶！這是我在台灣挺喜歡的開放景觀設計了，看似簡單，卻從一開始就給了基地元素能徹底發揮本身的特性。我覺得在台灣，很多觀光景點都拼了命要在表面加上很多物體、更多功能，才覺得能值回票價，其實簡單就可以展現不凡的，減法的同時，也是對這空間的加法，這裡真的實屬難得的案例。而且原本這倉庫是荒廢的，因為在台灣的風俗裡，我們將榕樹視為『陰』性植物，民間傳說榕樹夜晚容易聚集陰間朋友，有的台灣人去參加喪事，身上還會攜帶兩三片榕樹的葉子。」我輕輕摸著垂掉而下的氣根說著。

「雖然我們也有很多禁忌，但總覺得台灣的民間禁忌真的很多？七月不能去海邊會有水鬼，但七月是夏天耶！不就是去海邊的好季節嗎？這些禁忌一開始一定有什麼不為人知的秘密……或者……」慢慢逛著老樹，邊走、邊拍，我們討論著我住的台灣。

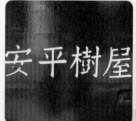

S 大叔：「台南是我在台灣最喜歡的城市，一旁的小巷、古蹟，雖然漸漸城市化，但還保有歷史的痕跡，小吃也好好吃喔！」

TOBY：「你根本是因為食物而喜歡台南吧！」

S 大叔：「不！講真的，雖然我住在台北，也覺得是一座方便的城市，但台北的大樓讓我覺得不美也不迷人，好像少了台灣的特色，它所在的位置非常模糊，我一直覺得台北還沒找到自己的定位；但越往南走，以台南來說，雖然比不上台北的現代，卻充滿了南國風情，這樣的城市其實比較吸引人。」

TOBY：「大叔、你怎麼忽然對台灣的城市感觸這麼深？」

S 大叔：「我不是很喜歡台北，我是南法人，我喜歡陽光，但台北常常下雨，可我卻生活在台北；我沒想到我會喜歡台灣，老實說我以前更是聽都沒聽過台灣，但人卻在台灣住下來。這裡給予的不是驚喜，而是生活裡的小故事，漸漸打動人心，讓人不知不覺就留在台灣了。」（遠目）

大叔～沒想到這半年來，你漸漸變成好人了耶！（驚）

東港海龍王帶走我的珍珠

今年碰到三年一科的迎王祭，
以往只透過電視觀賞，感覺太遜咖了點，
就是我和 S 湊出了上僅有的生活費，南下前去趕赴盛宴⋯⋯

出發當天，我不知道在執意些什麼？拿出 S 大叔在我三十歲生日時，
請人訂做的珍珠耳環，看了看不假思索地帶上。
S 大叔：「為什麼帶這個？你平時就會丟東西，何況我們要到屏東耶！
你一定會弄丟的！」
TOBY：「我不會弄丟，就是要帶著出門。」
S 大叔口氣不好地說：「隨便你！禮物送給妳了，妳自己負責。」
TOBY：「自己負責就自己負責。」

從台北搭統聯，再從高雄火車站轉搭往東港的班車，這一趟為了省錢，花
了將近十個小時！一落地東港，好像所有人都半夜不睡覺地集合著，看看
手錶，才發現天啊！才 11 點多，問一下路人：「幾點燒王船？」
「2 點開始吧⋯⋯」年輕情侶說著。今早出門時看了網路和報紙，的確是
說兩點，於是再次問了海邊的方向，朝鎮海公園走去。夜漸漸深了，整個
公園卻好像晚上 7 點多的夜市，人潮堆擠著，天空每隔半小時就有「天燈」
飛向黑夜，祈求平安。我們在鎮海宮的廟埕階梯上打起了瞌睡，海風輕吹，
神轎上的七彩霓虹燈超級閃爍⋯⋯但我們好累！

S 大叔用破爛的中文問隔壁阿伯：「剛在廟前看到的船很貴嗎？要做很久嗎？」
阿伯興奮地說：「六百多萬，做了三年呢！」
S 大叔：「啊！然後台灣人要把它燒了？」當他還來不及發表「瘋狂台灣人」
的言論時，隔壁有人大喊：「來了來了！」我們衝到路邊，結果又虛驚一場！
到底是 2 點出來？還是 2 點開始燒船？我即將呈現爆走的狀態。

一直約到 2：30 am，我們看見王船大喇喇地航行在街道上，瞌睡蟲頓時都不見了！我們奮力撥開人群，往海邊裡塞，什麼都看不見，只看見人……以及滿滿滿滿滿滿的人。

4:00 am 　堆著金紙，看著如山一般的金紙把王船團團包圍著。

4:30 am 　上帆了！就像真的要出航一般，王船看起來有點魔力。

5:00 am 　大火點著那一剎那，所有的攝影師著魔一般，被王船的魅力給震懾住了！鮮豔的顏色、在黑夜裡閃爍的船帆，海風帶起的滔滔火焰……這一個小時可是堆積了十幾小時的等待！

「三年的厄運跟不乾淨要隨著王船而走，會帶來平安吧！」S 大叔說。
「那把不好的東西都帶走吧！」我神經病地大喊。

天漸漸亮時，人潮都散盡了，我們互相看著著疲憊的身軀，不像在岸邊觀看燒王船，反而像到海水裡滾了一圈……就在我拿著相機「心想怎樣也要留下記錄不然就要再等三年」地拼命跟燒爐的王船合照之時，Ｓ大叔口氣不怎麼好地說：「你的耳環不見了！我就說吧！」

「怎麼可能？」我伸手摸了耳朵，啊…………………………」

「不是早叫你不要戴嗎？」

「我去找！」我急忙地往回走。

「怎麼可能找得到，而且我很累了！現在應該是去等車的時候了。」

「不要！我一定要找到！」我轉身衝回海岸邊，努力回想昨晚的動線。

為什麼會掉了，我明明都有確認啊？怎辦？為什麼要帶出門？我到底在扭些什麼？內心不斷呼喊，踏遍了海灘還是找不到。轉頭看了一眼站在堤防邊的Ｓ大叔，他冷冷看著我說：「我要走了！」路上彼此沈默不語。

「不！我要回昨天晚上的廟口看一看，你在這裡等我一下。」說完我就拔腿狂奔，我一直不死心，手心流汗又發抖……

「找不到了，禮物送給妳了，不好好照顧是妳的問題，而且全世界找不到一樣的。」Ｓ大叔上前拉住我。

「我不要！我一定要全都看過，說不一定在路上。」我狂吼。

「隨便妳！我不想理妳！都快累死了，妳現在是在耍脾氣嗎？」我甩開大叔的手，往海邊方向走、穿過廟口，詢問了掃街阿姨……

最後，我找到了嗎？

當然沒有，我落寞地從海邊、廟口一路走到大街上的麥當勞門口，看見大叔在門口，突然之間我嚎啕大哭了起來。

「對不起！真的對不起……」這時大叔卻笑了，抱著我說：「沒關係！不要哭了，這樣好醜耶！可能大海把妳的珍珠要回去了，妳不是說王船會把不好的帶走嗎？說不定是珍珠不好。」

「嗚……」為什麼東港龍王要帶走我的珍珠？為什麼？

P.S

估計可能哭得太醜了，引起記者的注意，我們當天竟然在麥當勞被訪問了一下。這也算是神來一筆了！

（中央社記者郭芷瑄／屏東縣 17 日電）

上萬民眾昨天夜裡湧進屏東東港鎮，徹夜未眠，只為看燒王船，今天清晨 5 時許，彩繪炫麗的王船，在鎮海公園海邊，熊熊烈火中燃燒了 1 個多小時，送走了代天巡狩的千歲。今年的燒王船吸引了許多的外國人參觀，不少外國人都說平生第一次看這樣的祭典，他們以「美麗的畫面」來形容燒王船……觀光局徵選的旅遊達人法國籍的 Sandro Lacarbona 則說，他一生從未看過如此的祭典，燒王船的畫面非常美麗，讓人震憾，但從王船出發到燒王船足足等了 3 個多小時，等太久了。

Sandro 的女性朋友黃婷璟也是旅遊達人，她雖抱怨廟方沒有告知外界準確的燒王船訊息，不過她說，沒看過像東隆宮王船祭這麼盛大的祭典，大陸禁止宗教活動，要看到這麼地方性及傳統的宗教祭典，只有台灣才看得到……

陽光、海灘，愛老虎油

冬天到墾丁，大概就是所謂「候鳥過冬」的意思了。

雖然台北超冷，到了墾丁卻是豔陽高照，所以說台灣是寶島，真不是騙人的！台灣全長也不過短短四百多公里的距離，我們在冷冷的幾天前，給他狠狠地泡溫泉，到了南台灣暖風迎面、海風清吹，就這樣，冬天的陽光夏日，讓人忘卻了時間。旅行就是處在沒計畫中的計畫，當下決定在墾丁多待幾天，巧的是竟然遇到老弟帶女友南下，於是擇期不如撞日，剛好又相揪在一起去。

當我們以烏龜的速度抵達海灘時，結果⋯⋯空無一人！太爽快了！整座海灘都是我跟 S 大叔的，風輕輕地吹著，揚起一點點沙塵，只看見遠方有幾位釣客，揮動的釣竿釣起了魚兒。

「這裡好美喔！為什麼台灣人都不在這裡啊？」S 大叔開心地曬著太陽。

「台灣人這時候會在咖啡廳裡防曬，誰會發神經來曬太陽？！」

「這樣美麗的沙灘！好可惜喔，都沒人，但又很幸運，因為沒人才可以在這曬太陽，如果換成是法國，可能一位難求！人都比沙子多。」

我們瞇著眼遠望海上的粼光，再看看對方，露出白白的牙齒笑著：「管那麼多！讓我們曬成古銅色回去！」綿長的海灘上，美麗沁藍的海水，除了偶爾有海鷗飛過，而釣魚客把我們當神經病地看了一眼，就剩下我跟 S 大叔靜靜地躺著⋯⋯

「姊，你在哪？」老弟的電話。

「我在大街後面的海灘，要過來嗎？」於是老弟帶著女友加入我們。

S 大叔看著老弟說：「喬治你太白了！要曬太陽，看起來比較有男人味！但直接曬太熱了！你先去泡一下水，再起來曬好了！」

「不、我對『忽冷忽熱』過敏，我在這裡就好了。」

「什麼！狗屎！哪有『忽冷忽熱的過敏症』，不要騙人了！」S 大叔衝向老弟，兩個人在海灘上演情侶戲碼，你奔我跑。眼看有點肥胖的弟弟，被大叔抓了起來，還發出少女般的嘻笑聲，然後被丟進海水裡。兩人在海水裡嬉戲翻滾，這畫面……還真是一點都不美觀。

不久，兩個男人玩夠了，走回來的途中，我弟直說好癢：「你看、我說會過敏吧！」

「……這是我這輩子第一次看見碰到海水會過敏的。」

「其實不是海水，而是忽冷忽熱！醫生說是對台灣環境敏感所造成的。」

「你什麼時候有這症頭？」身為姊姊的我怎麼不曉得。

「長這麼大，去年才有的！你都不知道有多可憐！這是一種蕁麻疹耶！以後都會這樣了，等一下我身體乾了，過敏症狀就會消了！」

我跟 S 大叔驚訝地看著我弟全身，因為稍冷的海水，而長滿一顆顆像大一點的雞皮疙瘩的皮膚，然後很不道德地大聲笑了。喬治弟弟、這輩子你無法當男子漢了……

燈塔之南

等老弟的紅腫消退後，一群人決定去看鵝鑾鼻燈塔，百年的台灣燈塔，座落在墾丁國家公園裡，它就像記憶裡的一個符號，遇到了，便又深深想起了許多……記得 18 歲那年，環島畢業旅行來到了墾丁，我們八個女孩組成四台摩托車的車隊，半夜悄悄越過帶團導師的眼線，騎車從墾丁大街來到鵝鑾鼻公園，手牽著手摸黑進入公園，唯一可以依循的光線，是遠方燈塔發出一閃一閃的燈號，八個女生找到好位置就在草皮上躺了下來，望著無雲的天空。眼睛漸漸適應了黑暗，而流進眼裡的美景，讓所有人沈默，只聽見彼此的呼吸聲以及不小心洩漏的讚嘆！那一年，看到了最美的銀河與流星，也讓人想起席慕容的〈夏日傳說〉，在年少的時候，等待著、吟頌著……

「在夏天的夜晚 / 也許 / 還會有生命重新前來 / 和我們此刻一樣 / 靜靜聆聽 / 那從星空中傳來的 / 極輕極遙遠的 / 回音……」——席慕容，〈夏夜的傳說〉

至今還沒有任何一個夜晚，
可以打敗當年如夢一般的星空，
以及那追不回的青春。

但此刻藍天太藍，空氣太好，一時間真的無法緬懷出更多什麼，只能嘆自己青春肉體找不到，其他的早就隨風而逝了。我們隨著步道走到鵝鑾鼻燈塔，白天跟夜晚果真截然不同，我張口驚嘆燈塔的美麗，S大叔也忍不住說：

「這是我在台灣看過最美的一座燈塔了。」

純白的身影在陽光下，亮得幾乎扎眼，不管快門怎麼按，都覺得燈塔像是畫出來地黏貼在螢幕上……我們都知道拍攝在此處跳躍的照片實在太老套了，但是每個人真的忍不住想跳起來、跳起來、跳起來……在綠油油的草皮上、白色的燈塔前，直想呼喊藍天！

我知道，現在肉體是追不回來了，但是現在的心靈……好青春啊！

大聲呼喊：「我、愛、你、跳！！」

記得一路前往台東的路上，天氣突然陰晴不定，偶爾一點點的藍天，忽然又什麼都沒了……旅行總是這樣的，無法永遠處於完美的當下，但必須設法讓自己不輕易受到影響，告訴自己：凡事120％的完美，就沒有留白的美感了。

老法說：「我愛台灣！的山、水」

我常說：「背包客也是人，哪有不累的啊？」試問每天背著快三十公斤的行李在走路走，怎麼可能不累，所以啊！很多時候，旅行靠的是意志力，不是體力！

請勿逗留
PLEASE DO NOT LINGER.

注意落石

BEWARE OF ROCKFALL
太魯閣國家公園管理處

山中的星星

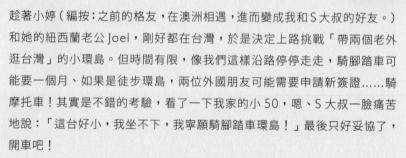

S 大叔結束中文課之後，停留在台灣的簽證時間所剩不多，
本來計畫在簽證失效前飛往印度，
但很多事情如同我們一貫的作風，走一步是一步，
計畫一直都是趕不上上變化，何不好好享受在台灣的時間呢？

趁著小婷（編按：之前的格友，在澳洲相遇，進而變成我和 S 大叔的好友。）
和她的紐西蘭老公 Joel，剛好都在台灣，於是決定上路挑戰「帶兩個老外
逛台灣」的小環島。但時間有限，像我們這樣沿路停停走走，騎腳踏車可
能要一個月、如果是徒步環島，兩位外國朋友可能需要申請新簽證......騎
摩托車！其實是不錯的考驗，看了一下我家的小 50，嗯，S 大叔一臉痛苦
地說：「這台好小，我坐不下，我寧願騎腳踏車環島！」最後只好妥協了，
開車吧！

這一路辛苦小婷了，兩位老外沒駕照，而我這個雖有駕照、但實際駕車經
驗值只有五天的人，沒人願意讓我驅車上路。於是四人展開了些許中年氣
氛的熱血，一台二手車，以「不辛苦駕駛」為前提，在時速 40 公里的速
度中，進行環島之旅。

小婷跟我都是中部人，幾經思考，第一站決定從自己家鄉出發，也表示──
我們要一路穿越中橫，前往太魯閣！

「太魯閣、太魯閣、太魯閣。」大叔開心地灑花，喔、不灑花，男子漢都
是揮拳！

中橫像一條劃過台灣的珠寶路，我們沿著公路在車裡歡唱，緩緩地前進，
山裡的霧氣飄來又散去，離開平地之後，鼻間的氣息透著些許清涼，公路
景色從大片闊葉林開始產生些許變化。2 月天的山谷中，絲絲的涼意，沒
有太過寒冷，我們選擇一大早出發，想要抓住晨光，藉由陽光的照射暖和
身體。

預定行程：一路從埔里前進，越過清境、合歡山，住上一晚再出發往太魯閣。

當我們抵達有「台灣小瑞士」之稱的──清境時，並沒有停下來被羊看，因為詢問了兩位老外，他們露出了迷濛的表情……天啊！我怎麼能奢望一個從紐西蘭、一個從歐洲來的外國人對綿羊有興趣，對見怪不怪的他們來說，沿路風光應該比去看羊奔跑更有趣吧！所以最後選擇了在 7-11 短暫停留……畢竟只要說有小 7，老外得眼睛都睜大得跟牛一樣（是有這麼感動就是了！）。

沿路走走停停，有時看著雲海、有時只是望著好像黏到天邊的公路，或是在山崖邊望向崖下，我從沒想到當我踏出國外，再轉頭回到台灣，旅行的當下，那種感動卻比出國前還深，從來沒發現自己的家園有這麼美，我確定不是台灣變了，應該是我的想法變了，我變得想看見更多自己的家！

我伸手想抓住涼涼的雲，抓也抓不住，頭頂上本來被大片白雲遮住的太陽，忽然碰一聲，把周圍都照亮了，也把站在崖邊的 S 大叔照得閃閃發亮。

抬起手想遮住炙熱的冬之日，瞇著眼，卻看見台灣給了我一顆山中的星星，忽然紅了眼眶，大叔似乎感受到了波動：「怎麼了？」

「我手上有著超大的鑽戒，閃閃發亮，它好美！」

「謝謝妳！」我的肩膀有著大叔的擁抱。

「咦？！」

「謝謝妳，因為將近一年來，我感覺此刻真正貼近了台灣的美。」

「也謝謝你，讓我重新感受這片土地的愛。」

石頭會掉下來的美景

外國人票選台灣心目中的旅遊地點：
1. 太魯閣 2. 墾丁 3. 士林夜市

曾經有台灣朋友問我：「很奇怪、為什麼他們都想去太魯閣？」台灣美的
又不只太魯閣，為何外國人對太魯閣印象這麼深？其實台灣美至極的風景
或是離島，很多都需要幾日的健行才看得見，而外國人除非住在台灣，要
不然單純的短期觀光，很容易讓台灣的美輕輕地飄過。而在一至二日內，
最容易感受到台灣壯麗風情，那就非「太魯閣」莫屬了！它擁有不同的地
質景觀與豐富的動植物分布，也沒有任何一個國家可以在這麼短的時間
內，循上高山、穿越峽谷，再遠望大海。

抵達太魯閣之前，S大叔在台北跟我說了一段話：「台灣的美好，很難
在剛踏進去時，可以看得見，因為城市並不是那麼令人驚豔；但很多外
國人，住上一段時間後，發現這裡有著少見的真實的美與人性，像挖掘
寶藏一樣越挖越多，因而很多外國人就愛上了這片土地，選擇在此定
居……我從一開始不知道哪裡是台灣，到現在已經快一年了，現在終於
瞭解到為什麼了。」

當旅途開始，S大叔雖說滿懷期待，卻也不敢期待太深，很怕會有失
落感；這幾日一路經過清境、合歡山，那雲、那一些雪，到了天祥，
他卻說：「我以為台灣的美是人性、是生活，但我錯了……」

「啊？」我腦袋子一時轉不過來，哪裡錯了？

「這裡超出了我對於台灣的想像，當大家說太魯閣很美，我很期待是
沒錯，但也只是把它界定在一個位置，那種『還能有多美？』的位置。
以我的個性很難一開始去相信大家所說的『很美』，就像很多人告訴
我日月潭很美，但我一開始看見時很失落，因為日月潭美的不是那個
『潭』的本身啊！可太魯閣真的很美，是那種我沒有想像到的美！」

我其實在那一刹那間，真的搞得很糊塗？

沒有想像到的美，是什麼美呢？

峽谷裡的水流在陽光下流動著，顏色一直在變化，有時是深深的藍、或翡翠般的綠，慢慢沿著道路繼續往前走，轉個彎又別有一番洞天，往下看可見峽谷中千變萬化的驚艷美景，透過水流岩壁上一個個的壺穴，從中奔流出乳白的小瀑布，每一步都透露著大自然的力量。我們站在石壁上所刻的「人定勝天」之前，轉身看著沿途走過的漫長道路，不知道是由多少血汗所開墾出來的，這，只有台灣才有！

在這自然與人為雙重的感動下，內心真的會充滿感動的情緒。
我忽然知道 S 大叔所謂的台灣之美是什麼了。

「我們拍一張照紀念好了！」我拉著大叔在石堆前拍照。
「好～不過這帽子好醜喔！我記得之前上網看到的照片，遊客沒有戴帽子啊！戴這個看起來很醜耶？」大叔作勢要把帽子拿起來。
「不行啦！前陣子才發生危險，上面有石頭掉下來，砸死了遊客，不管怎樣以安全為重。」
「石頭從這裡掉下來？就這樣掉下來？那砸到什麼人？」
「中國來的遊客，當場正中頭心喔！很恐怖的。」
「所以不是西方人或法國人啊！」
「……………………」這是什麼意思？你感到可惜，還是覺得不會砸到你？

從早晨逛到黃昏，從長春祠上看著遠方的遊覽車像一個個火柴盒駛來，蜂擁而至的遊客帶來新的經濟轉型。如果要在這祭拜開拓疆土的勇士的地方，許下願望的話，我希望可以有更多人知道台灣美麗的大山、大水，不要被淹沒在世界的一角，更希望身為台灣的我們，可以好好珍惜我們美麗的資產！

大家在問，冬天造訪花蓮能做些什麼？
可我發現，不管季節怎麼變化，任何時間造訪這裡，
一直都是看著海、聽著海，多麼瓊瑤的生活！

到你家作客

花蓮的天氣，因為我們的懶散也忽晴忽雨的。
像這時突然下起的大雨，巧的是同行的小婷和 Joel 在澳洲打工時，
認識的台灣背包客——蘇珊，請大家到家中作客，
在這烏雲密佈的天氣，我們一點都不客氣地前往了。

這一天，我們把整個下午時光都泡在蘇珊家。

真是有趣的一家人，一開始不太熟悉，但畢竟都在澳洲混過，話題一下子就解開了陌生的氣氛，加上在高中教英文蘇珊爸，可以跟兩個外國人有一搭沒一搭地聊天，一面吃著蘇珊媽的道地台灣菜，大家開始放鬆心情地隨便哈啦！就在此時，台灣人請客桌上少了「拼酒」，就像少了交陪，先從啤酒開始，一罐罐下去後，開始把所有的好酒慢慢搬出來了……
S 大叔曾經歷過台灣人豪邁的拼酒，他這宅男完全無法搭起友誼的橋樑，這時只能靠紐西蘭來的 Joel 撐場面。我想比起紐西蘭人，法國人應該比較難適應台灣的飲酒文化，不管婚喪喜慶、尾牙、宴客……一群人聚在一起吃吃喝喝鐵定出現：杯底不通飼金魚，「乾杯」是最高指導原則！但是對法國人來說，沒有豪飲這檔事，因為紅酒是伴隨著餐點的，是點綴的寶石，哪是用來乾杯的呢？更何況是根本不喝酒的 S 大叔了。

蘇珊爸也很明理，一點都不勉強，只是興致一來就端出了傳家寶——用高粱泡的「中藥蛇酒」，倒了一杯，大家分著淺嚐、品味。
S 大叔：「我以為越南才有蛇酒？台灣也風行嗎？」
「台灣風行跟中藥泡在一起，比較有功效！回去想喝，台北的夜市也有喔！」
大叔喝了那一口，表情有點詭異，我悄悄低聲詢問：「如何？」
「我心情很複雜！」
「……」你是在複雜些什麼！

看著一條條蛇被浸泡在藥酒甕裡，有沒有功效是不確定，但喝了一口後，口感還算滑順，原本刺鼻的酒氣，早已被濃濃的中藥氣味取代了。蘇珊爸詢問味道如何？大家抬起頭，正在思索如何回答時，Joel 說了聲：「好喝！」

噗……看來 Joel 即將酒醉陣亡，這一句好喝，換來的是多乾幾杯，而 S 大叔則藉著尿遁跑去和蘇珊弟閒聊歐洲歷史……

我經常在想，如果造訪每一個國家或城市時，可以到當地人家去作客，絕對是最棒的事了。除了可以聊聊彼此的觀念、對社會的感想、在地的情感之外，還可以透過這樣的機會更加瞭解各自的生活習慣與文化，雖然不是每次都可以這麼幸運，但每次都令人非常感恩！謝謝蘇珊一家的招待，雖然只是旅程上的短暫相遇，雖然下次有幸到花蓮再見面也不知道是何時了？但珍貴的記憶會持續在每個人心中醞釀、發酵，並一起懷念著某年某月某日的某個時刻裡 —— 花蓮的我們。

這時鄉親會問：之前拼酒的結果呢？

那一場拼酒，「台灣人沒有在怕」的好酒膽跟「紐西蘭人飲免驚」的好酒量，最後醉倒的是……在現場笑到不省人事的 Joel，以及笑容逐漸恍惚的蘇珊爸……一次最美好的兩敗俱傷！

既然來了，就跨步向前吧！
既然不曉得等著自己的是什麼？就去嘗試吧！
既然希望生命還有更多可能，就用盡去全力去體會吧！

老法説：「不騎單車環島，哪叫台灣人！」

伴隨著我們拿手的「節約旅行」的宗旨，運用僅有的交通工具：便車、巴士、雙腳，並帶著「微笑」上路，如果半路遇見我們，請把我們撿回家，讓我們請你吃飯，一起交換彼此的故事。

從一場盛大的官方競賽開始

2009 年台灣舉辦了一場盛大的官方競賽「Taiwan best trip──世界最棒的旅行」，希望可以讓來自世界各國的遊客，找出他們最喜愛的台灣旅行路線並製作影音。所有知道 S 大叔到台灣來學中文的朋友，不斷寄信過來，我的家人、友人也不停把消息散播在我腦中，於是我鼓吹大叔的加入，既然我們打算用這一年旅行台灣，何不參加呢？說不一定我們製作的影片可以得到很大的迴響，讓更多人看見台灣的真實與美麗，進而來台灣旅行。

後來，很幸運地，我們獲選為全世界 51 支隊伍的其中之一。

我不得不說接下來這一段旅程是大叔和我在台灣最艱辛的一段，我們兩個身為旅行者、拍照者、單車者、體驗者，最後大叔還身兼攝影者的雙重身份，外加結束後不眠不休地將帶子剪接、錄音、自我宣傳。這一趟單車分段環島，只進行了四天，前後的工作卻讓我們忙了六個月，而且單車環島還不是一開始的計畫……

起初，我們想要「腳踏實地」去靠近這片土地，所以寫下了旅行的宣言──

我們是旅行者（背包客），深愛著旅行與彼此，世界的旅行已經三年了，三年前各自辭掉工作後，一個從法國出發、一個從台灣出發，卻在世界的某一處相遇，之後的旅程讓我們認識對方，緣份讓山卓隨著我來到台灣學習中文、旅行，也讓我們相信彼此文化的不同將會擦撞出絢爛的火花，

這次將是一個機會，一個告訴大家台灣有多麼美好的機會，跟隨著我們，讓我們的經驗帶你看不同的台灣。因為在流浪的路上……「最讓人動心的不是自己走過了什麼地方，而是那些路途中所接觸的人事物，以及他們曾經觸動人心的故事。」

而台灣讓所有旅行者感動最深的，一直都是台灣人的熱情與友誼，我們希望這一路可以譜出有趣的故事。「人」以及「台17線」將是此次旅行的主題，當然伴隨著我們拿手的「節約旅行」的宗旨，運用僅有的交通工具：便車、巴士、雙腳，並帶著「微笑」上路，如果半路遇見我們，請把我們撿回家，讓我們請你吃飯，一起交換彼此的故事。

看到這段文字，大概可以知道在這四天三夜，我們想嘗試的是搭便車或走路環島，希望可以在西海岸，實地探訪人情味，我們想把旅行途中，所遇見的「真實生活」，透過鏡頭一一記錄下來......結果就在所有準備事項陸續聯繫完畢、即將出發前的某夜......

下班時，因為工作關係晚了一點，在捷運上收到訊息，隔日確定放颱風假，忽然S大叔打電話來：「我在超市，好多人在搶購喔！好奇怪？好像東西都不用錢，我連麵包、土司都買不到，如果妳有看見，記得買回來！」

「喔！你果然不知道明天要放假啊！他們在買颱風天的存糧啦！」

「啊、放假，颱風假啊？那我也要買一些東西！」電話掛斷，這位大叔去搶購東西了！

回家後一踏進門，S衝了出來說：「我買不到土司喔！可是我買了四顆茶葉蛋，還有鹹的和甜的麵包喔！還有泡麵......」

「茶葉蛋？為什麼？」

「你說店都不開啊！怕會沒東西吃......喔、我還買了一大罐純喫茶。」一副獻寶的樣子！

「大叔、其實小7是開店的！」

「什麼？小7一直都開著嗎？可是颱風耶！」於是颱風當天，我們看著電影台，吃著S所買回來的乾糧度過了一天。

颱風這種東西，對大叔來說是很稀奇的，因為在法國沒有這件事，更新奇的是新聞台打開就一直播一直播，播到最後更看見某台記者冒著狂風暴雨尖叫地在海岸邊、風雨中播報氣象，眼看都要被吹走了......新聞灑狗血到這地步，讓 S 大叔忍不住說：「好強的颱風？那些地方在哪裡，我要去看！」。

「..............................」你是想讓我被浪捲走嗎？

我們一邊吃著泡麵，一邊注視著新聞，眼看災情越來越嚴重，我傻眼了......

「大叔、那些地方是我們要去徒步、搭便車的地方耶！想去的地方都淹水了，好令人傷心，我不想要去那邊消費愛心，我們希望遇見人，但不是這樣的方式。」

「台灣每年都要這樣堅強地對抗颱風，這樣的災害重建不知道要到什麼時候？可是我們努力了很久，就要出發了。」是的！衣服也印製了、名片也印了、向短期的工作、學校告假、也在地方論壇上說如果看見我們，想要跟我們進行交流的可以在某一天、某一地跟我們碰面......這一切該如何是好？

過幾天，恢復平靜的台北，我收到官方來電：「黃小姐、因為颱風災情嚴重，而你們的旅遊路線剛好就是災區，如果你願意繼續參與，我們開會同意可以讓你們臨時把旅行計畫改變。」

就在出發的前一天，我們決定如果無法用走路、搭便車的方式，那就騎單車吧！

「有些事情沒做，一輩子都不會去做了。」這是電影《練習曲》裡的一段話，而我也一直相信，如果某些夢想你非常想做的，那麼你心裡極大的慾望會轉化成動力，讓自己盡最大的努力去完成。

雖然已經很久沒有騎單車了，也沒有地圖⋯⋯

雖然沒有什麼計畫，體能也都還沒訓練⋯⋯

雖然到了最後一步才決定的這當下⋯⋯

我們還是遵循著心裡的聲音，出發。

> 我們是在台灣，一個單車環島之魂的土地。前一晚，我們拿著僅有的
> 預算，走進公寓附近的單車店。
>
> 「想要看什麼？」老闆親切地問。
>
> 「我們想看折疊車，打算去東北部小環島。」
>
> 「環島啊？那這一台不錯喔！台灣的國際品牌 —— 捷安特。」看了一
> 下價錢，差點吐血，一台腳踏車比我們四天的旅費還多。
>
> 「老闆、我們只有大約這樣的預算，有別的選擇嗎？」
>
> 「那就這兩台吧！騎這個會比較辛苦，加油喔！什麼時候出發？」
>
> 「明天！」
>
> 「啊～明天？！」

最後我們在老闆親切的加油聲下，騎著小折回公寓，看著房間內的小折，
真讓人興奮又緊張，就在公寓裡半夜發神經地收拾行李與裝備，然後大吼：
「熱血！熱情！熱血！熱情！台灣！台灣！」←這是在緊張吧！

一個方向，
一份上路的心情，
一種迎風向前的感覺。

第一天

宜蘭金土地公廟 ➲ 玉兔鉛筆學校 ➲ 羅東鎮農會 ➲ 羅東肉羹番 ➲
國立傳統藝術中心 ➲ 羅東夜市 ➲ 羅東藝穗節
● 夜宿：羅東

出發前一天，買了小折、準備好行李時，已經半夜了，事先聯繫好宜蘭的
朋友，這幾天如果有機會可以在當地碰面，一路上的行程，大叔讓我一手
掌握，我也隨性地找了一下資料，在腦中畫下旅行的地圖，但實際上的行
程卻是騎到哪算到哪，走一步算一步，想停就停，想睡就睡。

出發當天，從台北捷運坐上巴士大約經過一個小時多，抵達了宜蘭市中心，我將小折從車袋裡攤開，開始前往第一站：玉兔鉛筆工廠；並沒有多遠的距離，一開始的心情挺輕鬆自在地。騎到這個點其實是有點私心的，「Made in Taiwan」這種越看越熱血的心情，讓我忍不住就把這間已有63年歷史，陪伴我走過童年與小學生活的在地公司，列為第一站。

不過，S 大叔這時倒是說了一句話：「全世界第一支原子筆是誰做的？」「啊！不知道。」說來好笑，小時候無知的我一度以為，玉兔那支可以挖耳屎的原子筆是史上第一咧！
「我也不知道，我也以為法國的 BIC 是世界上第一支原子筆。」結果，我跟大叔都鬧了笑話，世界上的第一支原子筆是由匈牙利的記者發明的，而在老阿公的那個時代，台灣玉兔、法國 BIC 和雷諾為台灣文具市佔率的前三大，但我非常「愛呆丸」地只記得玉兔，其他全忘了！

現在的玉兔還是依舊運作，很多機器都是幾十年歷史了，令人感動的是，這間台灣第一支原子筆的製造商，在如今很多工廠都因大環境因素漸漸外移的時候，玉兔還是堅持根留台灣，守住在地文化的防線。現在的玉兔嘗試漸漸轉型為文創產業，在玉兔鉛筆學校裡，我們製作了屬於自己以及這趟旅程的第一份紀念物。

「我是法國人，我愛台灣！」這是 S 在台灣努力學中文，然後寫在鉛筆上的第一個句子。

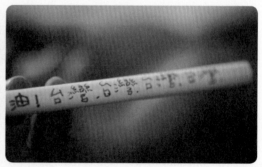

剛從玉兔結束體驗，宜蘭的好友打了通電話，希望我們在羅東鎮農會碰面，讓我驚訝的是，「農會」是個旅行的地點嗎？沒想到朋友賣了關子，她說：「來了你就知道了，讓你嚐嚐宜蘭味！」

宜蘭味？那不是蜜餞跟鴨賞嗎？沒想到朋友竟然帶著我們來做鹽滷豆腐，而這真的引起了大叔無限的興趣，他從沒想過可以親手經過簡單的程序，品嚐傳統口味的豆腐。

先做豆腐，再吃臭豆腐，
吃過豆腐、嚐過豆花，再試試親手製作？
一口氣讓外籍朋友看到豆腐的神奇！！

羅東鎮農會生產的養生豆奶、皮蛋，陪伴許多人走過童年歲月，被視為頗具代表性的傳統美味，來到宜蘭當然要嘗試一下真正的宜蘭味道！台灣早期農村社會的生活物質相當欠缺，政府開始輔導基層農會製造養生豆奶，作為補充養分的飲品，稻作收割、廟會慶典、辦桌餐桌上，常可見其身影。民國 5、60 年代的全盛時期，全國有 10 多家農會出產養生豆奶，羅東鎮農會的養生豆奶在民國 43 年上市，年產量最多達到 700 萬瓶，聽說現在宜蘭人結婚的時候，也會將養生奶當作是伴手禮！

台灣透過黃豆所衍生出來的飲食文化，也常讓外籍人士嘖嘖稱奇，趁這個機會剛好可以讓大叔瞭解一下豆腐是如何製作的。其實大叔在還未到台灣前，不是很愛吃豆腐和豆漿類產品，因為他說法國以及澳洲豆漿，喝起來都不太可口，雖然知道豆腐具有極高的營養價值，但他就是不太喜歡那味道。

坦白說，我在澳洲的確喝過豆漿，跟台灣的稍許不一樣，可能味道比較「青」，我當時跟大叔說：「到了台灣，你會發現豆漿、豆腐是我們常吃、常喝的食品，每天早上幾乎都會喝到豆漿，而且豆腐的變化超多的，有豆干、豆皮、豆輪……多到你數不清啊！」現在大叔早上通常會喝上一杯冰豆漿。（笑）

正統的鹽滷豆腐，需將黃豆先經過 8 小時浸泡後，倒入機器磨、去渣煮成豆漿，再加上鹽滷與豆漿凝結成豆腐。但這裡的 DIY 體驗，我們直接從製作豆腐開始，想不到一塊小小的豆腐，需要用上 6 罐無糖豆漿，經過加熱、混入固定比例的鹽滷、放入豆腐模、壓制等待，才終於看見我們親手製作的豆腐了，這純正的豆香味，搭配一點點醬油，真的很新鮮可口！

「哇！很好吃耶！原來豆腐還不錯吃！」
「那我們下次可以嘗試吃臭豆腐了！看樣子你已經開始喜歡豆類製品。」
「我可以說不要嗎？」
「不行！那是台灣名產，而且我最喜歡吃臭臭鍋，臭豆腐不是只有臭而已，還要臭得夠入味，那才是好吃的臭豆腐。」
「…………………………」

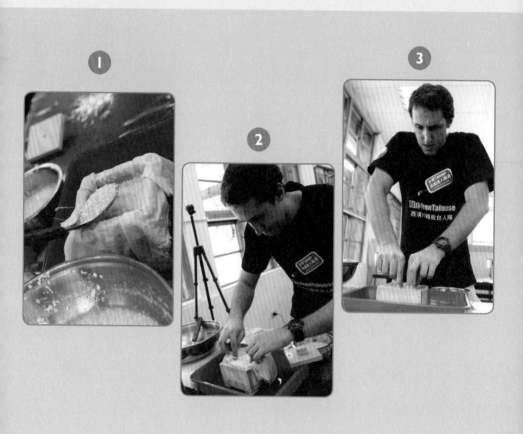

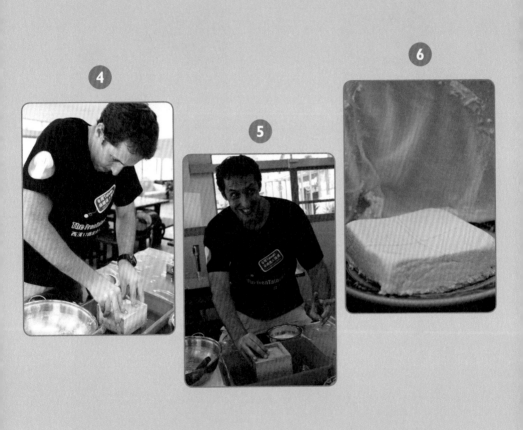

此外，這裡也可以手作有機皮蛋，當大叔看到黑溜溜的皮蛋，一臉遲疑的時候，一旁來體驗的民眾也大笑！

大叔一邊吃一邊說：「這皮蛋剛看的時候很恐怖，我心想怎麼會有黑的東西，沒想到很好吃耶！有點令人驚訝，但我想如果我在法國看到這東西在超市，應該是不會買。」

「哈哈～為什麼！」

「因為它太黑了。」

「那鐵蛋怎辦？」

「一樣，不過鐵蛋跟皮蛋比起來！我應該會選皮蛋，比較軟。」

「你根本是吃軟不吃硬，而且喜歡吃甜食，怎麼覺得你應該是個娘砲，但又不是。」

台灣現在連當地農會都臥虎藏龍，很多轉型為觀光工廠，是另一種地方傳統產業的興起，除了豆腐外還有豆花、皮蛋製作、豆奶星冰樂……都是很寓教於樂的活動。

羅東肉羹番

吃完豆腐跟皮蛋,我們跟著朋友一起前往在地人極力推薦的「羅東肉羹番」,下午一點左右,店裡還是一位難求呢!這個會登上國宴的台灣地方口味,味道真的沒話說,除了知名的肉羹外,鎮店之寶就是肉捲了,加上店家的獨門醬料,更是將味道提昇到另一層次了,難怪天天高朋滿座!

看老闆忙裡忙外的,實在不太好意思打擾,結果這馳名中外的老闆可是靦腆害羞,要付錢時才知道老闆超開心我們到宜蘭來旅遊,反而請我們吃飯。

「大叔,免費耶!」

「TOBY,怎麼這麼好康?!」

「不知道,可能老天犒賞我們騎得很辛苦。」我眨著眼。

「我喜歡宜蘭!」

「靠～你這傢伙,現在是哪裡都喜歡了吧!變節得真快,去台南喜歡台南,去高雄又說高雄有台式漢堡你喜歡,在台中的時候說台中氣候最舒適,來宜蘭又說你喜歡宜蘭。」

「反正都是台灣!」

「噗!也是。」

國立傳統藝術中心

跟朋友說聲再見，我們再度騎上小折，一路順著蘭陽平原的風情往傳藝中心前進。我想很多台灣傳統文化，無法一一帶到，那麼傳藝中心就是阿豆仔——S大叔體驗台灣的絕佳入門款。

這次來得正是時候，正在展出台灣布袋戲系列——臺灣擁有最多表演風格、最具表演活力的戲劇。小時候總在家鄉的廟會活動，看到以簡易彩繪布景、現場聲光特效的布袋戲劇團，跟著鄰居的小朋友拿著板凳在台下看著入迷；那時候也很瘋電視頻道上，精心布置的場景、運用聲光剪輯、動作特效的史豔文，還有買了很多布袋戲的紙牌，跟人車拼，贏的人就可以拿到絕版品。

布袋戲真的是結合台灣地方語言、民俗音樂、雕刻、彩繪、刺繡、掌中操偶技巧等文化的綜合體，也是我小時候的記憶。

半天的傳藝中心之行，果然收穫滿滿，除了看見霹靂布袋戲團的真人Cosplay外，還有布袋戲表演「武松打虎」的戲碼，大人小孩就在小小的野台下，聚精會神地觀看，跟著劇情起伏！就看老師一人身兼武松、老虎、路人，每個橋段都忍不住大聲叫好！最後我們前往小時候最愛的「史豔文與苦海女神龍」的河洛坊藝術中心，老闆娘跟我講著台灣布袋戲歷史，我們一邊動手畫布袋戲偶，這一天直到夜晚來臨，才悄悄和布袋戲告別。

小折記事

第一天總是特別興奮，尤其這個旅行是我們回台灣後所想像已久的流浪的味道，沒有確切計畫，跟著心情走。記得前晚的最後一刻，還在擔心臨時更改行程是否豐富、可行？甚至還在擔心出發前才買了小折、才拿到學姐贈送的小折車袋……沒想到眨眼間就已經結束了滿滿的第一天行程。

騎腳踏車這件事對我跟大叔來說並不陌生，但我們卻不是特別愛好此道的旅行者，但最終方向都是一致的——傳達旅行台灣的樂趣！

「騎小折逛台灣」，這個想法的成形是想傳達台灣是個便利的國家，你可以把心愛的摺疊腳踏車放上所有交通工具，有些地點更是特別設置了腳踏車步道、放置區等，如果時間不允許，也可以像我們一樣進行分段式單車環島。

回想今日的最讓我感動的是玉兔鉛筆，這個小時一起長大的「台灣製造」，讓我的內心充滿了熱血；還有 S 大叔沿途認真想用中文溝通的熱情的台灣朋友，個個伸出溫暖的雙手，幫我們打氣、解說，讓我們的第一晚是帶著有點酸疼的雙腳和笑容進入了夢鄉。

熱
血
!!

■ 愛呆丸

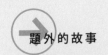

題外的故事

小環島之後，我開始帶著 S 大叔去嘗試吃不同種類的臭豆腐，炸的、煮的、烤的等等，沒想到大叔最後竟然選擇了──「煮豆腐」的臭臭鍋。

他說：「炸的好乾，一點都不喜歡，油味混著臭味特別濃厚，而烤的那個醬汁我不是很愛，可是臭臭鍋的煮豆腐，把豆腐煮得很有味道，雖然臭，但濃稠的湯汁，都滲透進豆腐，聞起來是很臭，但吃下去味道還很不錯！」

「……你好怪喔！其實炸臭豆腐比較不臭捏！大家最不能接受的是煮臭豆腐！」

「……是嗎？」

某晚，我跟大叔一邊吃晚餐、一邊看著旅遊節目，內容剛好關於台灣，男主持人吃著各種在外國人眼裡千奇百怪的台灣料理，然後到了臭豆腐，男主持人停了下來，把臭豆腐給吐了出來了……這時，S 大叔也把那口即將扒進去嘴裡的飯，從嘴裡掉了出來。

「我的天啊！我第一次看到他沒把食物吃下去，台灣臭豆腐打敗他了。」

「真的耶！」我太吃驚了。

「YA！那我也打敗他了！你說大家都不喜歡臭豆腐鍋，我喜歡吃煮臭豆腐……」

「………………………」

一個全世界知名的節目，唯一讓主持人留下的敗筆，就是台灣臭豆腐，他說：「that the 14-day-old stinky tofu was overpowering with its rotten taste.」看著大叔開心地吃便當，我不禁想「這麼臭的臭豆腐」應該算是另類的台灣之光嗎？還是我們應該就別逼迫外國人一定要喜歡我們製作出來的、世界無人能敵之無敵臭的臭豆腐，饒了他們一命吧！

羅東 ➡ 白米木屐村 ➡ 蘇澳冷泉 ➡ 南方澳 ➡ 廟口米糕 ➡
南方澳漁港 ➡ 內埤海灘 ➡ 飛虎魚丸 ➡ 蘇澳火車站 ➡
礁溪火車站 ➡ 宜蘭風味餐 ➡ 台式腳底按摩
● 夜宿：礁溪

從羅東騎到白米木屐村，真的是有點距離，我們拼命在烈陽下踩著小折，
昨晚借住的友人不放心地打電話問：「你們騎到哪了？我把你們載到白米
社區街道口吧！」

「可是，你不是要上班？」

「沒關係！只是載到街道口，你們還是要自己騎進去。」

白米木屐村

「白米」社區舊名「白米甕」，起初以為應該是因為蘭陽平原是生產稻米
的富庶之地，然而這坐落在山谷的村落，實質上卻是出產以製造水泥原料
為主的白色礦石而得名，也因此引來滿山谷的石礦加工廠。

採礦帶來的自然景觀生態破壞，加上空氣污染、砂石車威脅，讓居民備感
困擾，年輕人漸漸離開山明水秀的家園，眼看越來越多的工廠、漸漸廢棄
的房舍，才讓社區的居民驚覺，這樣因為時代而自我放逐的邊緣化，似乎
會讓白米社區走進歷史，而家園也會消失。

居民們開始思索，除了工業的生產外，什麼樣的思考可以讓這連街道輪廓
都談不上的社區，有新的希望呢？此時，曾於日據時代興盛過的木屐產業，
讓他們決定抓住這個機會，也因為重新發掘傳統的木屐文化，讓原本奄奄
一息的白米社區，再度活絡了起來。

至今日居民仍在努力中，努力讓採礦工業與社區和平共存，這個小小的木
屐村，蘊含了台灣人無限的韌性。這裡琳瑯滿目的木屐創意也讓人感到新

奇，透過這幾年的經驗，木屐造型也巧具時尚及實用；而另一廂的 DIY 體驗館，開闢了很多可以讓民眾親手體驗的活動。

我跟 S 選擇動手做可愛的木屐鑰匙圈當作紀念，皮雕圖案可以依喜好去創造，我們選了各自的生肖年「龍與羊」，憑創意上色，然後再以電燒筆烙上紀念的字句，沒過多久，手中就多了一個紀念品。

「你想要寫什麼？」我拿起電燒筆，準備幫 S 大叔寫字。

「我不要、我要自己寫。」看著他努力地拿電燒筆，一筆一劃寫出中文字，雖然在玉兔鉛筆工廠已經看見大叔寫字，但畢竟使用的工具不同，他的字也開始越寫越大、越來越扭曲，但那專注的眼神，我實在不好意思取笑這個來自千里遠之外又上了年紀的大叔。他想瞭解我所成長的這片土地，一小步一小步地學著中文，雖然成績不是很理想，但他的用心，我都記在心裡了。

「寫完了！呼～好看嗎？」大叔好像完成大工程一般的口氣。

「嗯～很好看、你好厲害喔！」儘管字真的很醜，但能寫出來的你，現在看起來很帥，這心裡話我沒說出口，只是對著大叔開心地笑了。

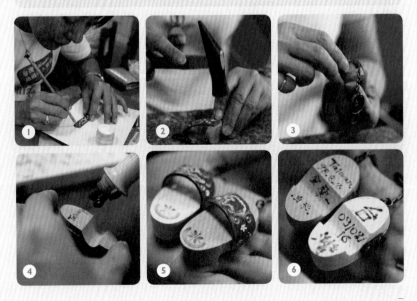

天下冷泉知多少？超透涼！！！冰振夏日心情。

離開白米社區，沒有地圖的我，依舊是邊騎邊問一旁也在等待紅綠燈的大哥，沒想到騎機車大哥，竟熱心地領著我們前往市區。不過才兩天的旅行，忽然因為台灣人的熱情，讓我在大叔的面前感到萬分驕傲——因為我們台灣人是這麼 Nice！

回到蘇澳市區，這段路程特別奮力，因為 36 度的高溫，讓我們忍不住想跳進蘇澳冷泉，沁涼一下這幾天的燥熱。開心地向大哥道謝之後，便一股腦地往冷泉屋衝，我們選擇的是冷泉湯屋，格局很寬敞，使用時間大約是 40 分鐘，水深及胸，底下鋪有一些卵石，泉水會從地面上緩緩湧出，微微的水泡也會跟著出現。

一開始對於冷泉這件事，S 大叔還抱著半信半疑的態度，心想，大概就是比河水還冷的泉水吧！沒想到一泡進泉水裡，這老法就不想再從冷泉裡起來了⋯⋯

因為實在太透心涼了！

嗚呼～東南亞獨一無二的低溫碳酸礦泉冷泉，據說水溫常年保持 22 度，這個當初由日本人發現的冷泉也稱說具有療效（腸胃疾病、痛風等等），我們一邊泡一邊讚嘆——住在台灣的人，真的太幸福了！冬天有溫泉，夏天有冷泉，還有什麼比這更幸福的？小小的氣泡會圍繞著身體，然後皮膚會有「劈劈劈」的感覺，清澈的泉水讓人放心地把整個身體放逐在水裡，不愧是天下第一奇泉，當然不免又要驕傲一下了！

南方澳

騎著小折往南方澳前去，眼前的漁村港口聚落漸漸出現，這個漁港裡有著討海人最重要的精神信仰——媽祖，而香火鼎盛的媽祖，不僅僅是台灣人的心靈慰藉，也是漁港裡外籍船工們的支柱。

南天宮供奉有名的金媽祖、玉媽祖，而之前電視上爆很大的珊瑚媽祖則是在進安宮；參拜了媽祖後，我們從三樓廟堂俯瞰漁港，泡過冷泉後不再感到燥熱，來到廟宇也讓人心生平靜，海風吹來熱熱的鹹味，忽然肚子餓了起來，趕緊到廟口米糕去覓食。

廟口米糕位在南天宮旁的小吃區內，小碗盛起蓬鬆的糯米，口感棉密可口，淋上慢火熬煮的肉醬汁、旗魚鬆、醃製小黃瓜，搭配一碗苦瓜排骨，真是不油膩又讚不絕口！雖然到現在為止，大叔一直記恨我點的是苦瓜排骨湯，哈哈哈～這男的真的是一點都吃不了苦！

吃飽喝足後沿港邊馬路騎行，一路上偶見的外籍船工，同樣騎著腳踏車，熱切地和我們打招呼，不一會來到內埤海灣——北濱公園，下午時分有零星的遊客散落在海灘上，海灣面對一望無際的太平洋，呼呼地吹著海風，周圍非常安靜、沒有吵雜的人聲。這裡不是華麗的白色沙灘，但有種內斂的美，讓你像望海的人一般，靜靜地不想離去。

當抵達礁溪時，夜已經來臨，一路都沒有預約旅館的我們，騎著小折一間間詢問：是否還有房間？是否可以將小折帶進去？沒想到大部分的旅館看著我們都很開心地說：「可以帶進去沒關係。」

「台灣很適合騎腳踏車耶！出發前我還在想，腳踏車要放哪比較安全，沒想到睡覺都可以帶進去，真神奇！」S 大叔牽著小折搭電梯的時候說著。

一進到飯店房間，馬上累癱在床上，很小鳥地想跟 S 大叔說：「我肩膀好痛、腳好痛，可不可以明天坐火車回台北，小折騎起來好辛苦……」大叔看了我在床上哀嚎，在我還沒再度開口前就說：「妳的臉在每張照片裡都看起來好累喔！這樣騎行台灣，有比我們去西藏騎腳踏車還累嗎？」

我把臉遮在枕頭裡，很努力地想：「是沒有，但是每天背著行李在騎車，而且好熱，西藏一點都不熱。」大叔走了過來，按了按我的肩膀說：「很多事情，是選擇了就要去完成的，雖然我知道妳很累了……但是這是台灣耶！反正每騎一段距離就可以去便利商店買飲料喝，多棒啊！如果以後我們想要有更熱血的旅行，搞不好找不到這麼便利的地方。」

「呵呵……也是、那我要振作了。」

各自梳洗一番後，出發去嚐嚐礁溪宜蘭綜合古早料理，當作一個段落的犒賞：鴨賞涼拌、炸三星卜肉、糟餅、酥炸糕渣、宜蘭西魯肉、三星蔥炒牛肉、古早味悶魚、白切膽肝，當然還要加上礁溪的溫泉空心菜！呼呼～整份上桌，不知道要從何下手！看著宜蘭菜，忽然可以體會到宜蘭人的勤奮與惜物，以普通的食材，變化出巧人的味道，不奢侈浪費，珍惜一切，才是愛呆丸的精神！

台式腳底按摩

夜晚九點時分的溫泉街，依舊人聲鼎沸，各處的露天溫泉傳出陣陣的歡笑，我們經過了多家腳底按摩，實在忍不住好奇：「不知 S 搭配台式腳底按摩的畫面會如何？」二話不說牽著小折衝進一家頗具專業的店。

「這個可以舒緩疲勞，還可以根據腳底穴道，知道哪些身體部位需要健康一下。」

「是嗎？」

「對啊！我每次按摩完都覺得腳輕如燕，睡上一覺什麼都舒服了。」

沒有多久，「啊啊啊啊～痛痛痛～」S 大叔臉部表情異常猙獰，和台式腳底按摩的車拼結果：連按摩師傅都快笑到肚子打結，因為大叔不停跟師傅說：「你喜歡嗎？我知道你很喜歡？（中文）」

（讓我在此翻譯一下，大叔的意思是：「你是不是喜歡我痛的跟娘們一樣叫，啊啊啊！我確定你一定是喜歡別人越痛越好！」）

「喔！很常頭痛喔！……喔！胃也不好！」師傅說。

「很痛啊！等一下換妳，就會知道什麼是地獄！」S 大叔看著我。

「哪有這麼誇張？我又不是沒按過，痛是正常的！那是正在作用，對身體很好。」

師傅猛力一按，大叔像娘們一般頂住那聲哀嚎：「妳什麼都跟我說很健康，苦瓜妳也說很健康、天氣那麼熱，妳在那喝熱開水也說很健康、現在我覺得好痛，妳又跟我說很健康……我真的搞不懂妳！」怎辦？台式腳底按摩徹底殺了「藍波」……

回旅館的路上，S 拖著奇怪的步伐，不停鬼叫：「我感覺我的腳底沒有比較舒服，如果明天醒來更痛怎麼辦？我會騎不動。」是誰稍早才在說：很多事情，是選擇了就要去完成的。一開始走進按摩館時，大叔還像個青少年那樣興奮，因為他聽說：台灣的腳底按摩是世界第一。結果直到睡覺前，他還搓著自己的腳底板，像個小媳婦一樣的哀怨。

小折記事

這一天我真的有累到了，在熱到快昏倒的當下，八月的夏天，冷透的冰泉，像是吸了一大口的思樂冰，透心涼的蘇澳冷泉打醒我的身體，而讓人振奮精神的是一路打氣的路人鄉親，以及帶我們到蘇澳冷泉的騎士大哥。台灣真的如旅人界所流傳的：一個「好」地方，當你迷路時，別擔心、因為台灣人不是告訴你怎麼前往，而是會熱心地帶著你去。在功利主義的 21 世紀、在逐漸失去人情味的冷漠世界，在這片土地生活的我們還依舊保有溫暖的雙手，讓身為台灣人的我也不禁感動！

礁溪 ➔ 礁溪湯圍溝溫泉公園 ➔ 礁溪日式湯屋 ➔ 頭城 ➔ 烏石港 ➔
龜山島賞鯨豚之旅 ➔ 烏石港魚貨直銷中心 ➔ 外澳濱海遊憩區 ➔
外澳火車站至基隆火車站 ➔ 基隆港 ➔ 基隆廟口夜市
● 夜宿：基隆港

經過腳底按摩以及溫泉的洗禮，加上每天都吃很飽的狀態，我今天一出發就騎得超有力的，倒是 S 大叔像龜速一般的前進，據他的說法是，由於昨晚的腳底按摩太激烈，以致於今天無法發揮實力。

頭城龜山島

看海豚、看海豚……

這次看海豚的夢幻行程讓我期待已久，內心可是既期待又怕受傷害，一來不一定看得到海豚，漁會說 20% 靠運氣，二來雖然預約了，可是天氣可能忽然龜山戴帽，來場雷陣雨，然後船隻不出港，連帶我的海豚夢就飛了！

我們跟著漁會的朝日號出發，一路看著無風無浪的太平洋，眼前漸漸出現龜山島的身影；晴日的龜山島在陽光照耀下閃爍著綠色光芒，映著顏色變化的海水，不同的位置都有不同的風情。

漁會的海豚達人介紹龜山島的景色，讓人最心神嚮往的是海底溫泉湧上流，位置約在龜首 10 公尺左右的淺海，全台唯一的活火山，從海底湧出高達攝氏 120 度的泉水，將附近的湛藍海面，染成深淺不一的顏色，看著淡淡的藍色從海底冒出，乘客們都一陣驚呼：「好美啊！」

「如果今日沒看到，我就跳下海，表演給大家看。」當大家引以期盼的海豚還未出現，達人的這句話讓所有人笑了出來，氣氛也輕鬆許多。

「看！遠方泛起白色浪花的就是海豚！」約莫 20 分鐘過後，達人在船艙上比劃著，所有人聚精會神地找尋，眼力就是不夠好，達人果然不同凡響，幾公里遠的距離都可以精確搜尋到；忽然間……

「哇～跳起來了！」「好多喔！」「你看那隻小海豚好可愛啊！」海豚家族就這樣從一旁集體跳躍通過船邊，數量越來越多，我跟 S 大叔也忍不住吶喊了起來，拼命拍手，小小海豚以飛躍似的舞姿，獲得最大的掌聲。

這是我第一次如此靠近地看見數量驚人的野生海豚，讓人很想跳下水和她們一起嬉戲、共遊大海，可愛的英姿讓所有人為之瘋狂，相機都快按到手抽筋了！台灣真是寶島，以龜山島海域就擁有珍貴的鯨豚資源，不用遠赴夏威夷或紐西蘭，來台灣就可以用經濟實惠的方式，觀賞海豚們的現場表演！

小折坐火車

將小折裝進袋子裡，帶上火車，然後下車再重組，這些過程已經很熟練了，時間不超過 10 分鐘，有了車袋與小折的配合，這趟旅途體驗到騎行台灣超方便的，甚至上火車也 OK！只是台灣現在小規模的火車站，大多是要橫跨天橋，我背著小折上上下下，真的比騎車還累……

「寶貝！加油！你這麼壯，可以的。」

「…………………………」當場很斷腦筋，到底是在幫我加油，還是在虧我？

從外澳搭車到基隆約需一個小時的時間，火車會經過美麗宜人的頭城到大里段的海濱風情，隨著電車的速度緩緩欣賞濱海風情到進入山城（暖暖、瑞芳），眼前的人們與城市越來越多，我們在眾人吃著便當的陪伴下，一路搖進基隆。

接近福隆的時候，火車停了下來，一堆人緊急地下車，一陣鬧哄哄，每個人都拿著便當上來，這時我才想起有名的福隆便當。

「為什麼大家這麼趕著買便當？而且只有在這一站？」

「因為這裡的鐵路便當很有名，你要吃一個嗎？」

「啊、現在不是晚餐時間，但已經過午餐很久了，而且我剛試吃了很多東西，現在很飽……大家都好厲害喔，這個時候吃便當！所以這個便當好吃嗎？」大叔轉頭看著整個車廂的人，真的都捧著一個便當。

「嗯！我沒吃過。」

「什麼！妳也沒吃過，那早知道應該買一個來吃的。」

「……………………」大叔，你剛不是說吃很飽嗎？

後來大叔因為福隆便當，還興起了一個旅行計畫：吃遍台灣火車便當。不過當場就被我「吐槽」（編按：台語，以言語挑釁他人，使人難堪之意）了，因為很多鐵路便當可以在小7買得到，所以他又默默把便當的話題收起來了。

來到基隆市就是要逛聞名全省的基隆廟口夜市，也是台灣小吃飲食文化特色：「夜市」的典型代表。廟口有許多不同且各具特色的小吃，如天婦羅、泡泡冰、營養三明治、奶油螃蟹、一口香腸等等，讓許多在地或外地的遊客流連忘返。記得在研究所的時候，同學們在研究室裡水深火熱，忽然有人大喊：「我們今天去基隆廟口吃東西。」然後，一群人真的從新竹殺到基隆廟口，分成兩隊一攤一攤往前推，一直到吃不下，還進行國王遊戲，看誰嗑掉最後一塊食物才肯罷休……

當我把這瘋狂的舉動告訴 S 大叔後，我們也要來進行 PK 賽，在夜市入口，我們擊掌大喊：「吃遍基隆夜市每一攤！」果然太雄心壯志，後來吃到食物快淹出喉嚨，才默默回飯店，假裝不曾說過那句話，當時甚至連躺在床上，都覺得東西快淹出來了……

↘ 小折記事

賞豚行程是我在第一天打電話預約，也是這一路唯一有預約的旅程，因此今天的騎行，最重要的是在「正確」時間到達烏石港。想想一路的小折騎行真有趣，貴人也不少，他們總是適時出來報路，路上打氣的鄉親朋友也增多了、連汽車駕駛也打開窗戶幫我們打氣……這樣的互動與支持，讓環島充滿了熱血跟溫暖。

因為我不是一個人在騎，整個台灣都跟我一樣熱情，今天累倒了，沒關係、就休息一天，沒有這麼趕！生命裡有什麼需要趕著騎車去完成的？而這一路有很多朋友陪伴，不孤單。

基隆（搭計程車基隆至萬里）➔ 萬里翡翠灣 ➔飛行傘 ➔ 野柳地質公園 ➔
金山老街 ➔ 冰烤蕃薯 ➔ 金山鴨肉攤 ➔ 博愛百年藥舖 ➔ 國光客運（金
山至台北）➔ 台北捷運站 ➔ 台北101 ➔ 士林捷運站 ➔ 士林便所餐廳 ➔
士林夜市 ➔ 結束
● 夜宿：礁溪

因為昨晚在基隆找旅館時，不小心誤闖了「粉紅燈」（編按：就是那種色
色的......）的旅館，先是一陣傻眼，且幾天下來有點累了，所以決定加碼住
在可以看海景又舒適的港邊旅館......結果就是一睡爬不起來，只好路上叫計
程車前往翡翠灣；因為S大叔前天在外澳看見有人玩飛行傘，直說他一定要
嘗試！於是我當場打聽了北海岸飛行傘俱樂部的電話，預約了今天一早的行
程，當然，睡過頭就只好搭小黃了！唯一值得一提的是，有一台休旅車型的
計程車經過，一揮手一上車，剛好放入我們的小折，直奔北海岸！

非假日的時候，只有零星的海釣客以及玩浮淺的遊客在翡翠灣的海灘上走著，當我在沙灘上等待大叔飛翔時，一群浮淺客看著站在豔陽下的我，笑著說：「笑一個、要不要一起來浮潛啊？」我搖了搖頭，可這晴空無雲的天氣，真的讓人想一股腦地往水裡去，看看那藍綠寶石相間的顏色裡，有沒有自在的魚兒。

我轉身看了一旁的旗魚旗幟，在風中飄著，抬頭望向遠方的山丘，教練說：「今天氣流真的很棒，很適合飛行！」剎那間一個紅傘，在藍藍的天邊綻開，好亮眼！

通常飛行季節集中在夏、秋兩季，利用上升氣流或熱氣流，在天際進行遨翔，翡翠灣是台灣極好的飛行地點，背山面海、氣流穩定，全年皆適宜飛行。此外，山海一線的景色，從山丘上一路飛翔至海岸，猶如鳥兒一般，教練也說：「台灣萬里就有這麼一個實現人類飛行夢的場地，何必到國外去？不可怕的，要不要試試？」

哈哈……我著實乾笑幾聲說：「我會尿褲子吧！讓我再想想，我真的挺怕高的！」看著飛行傘在眼前越來越大，S大叔和指導員迅速落地，我衝向前去詢問：「好玩嗎？」

得到的回應當然是：「棒呆了！」

看著S一臉滿足的表情以及他在空中所拍攝的影片，我當下決定下一次的台灣旅行，我會嘗試天空飛翔，克服我的懼高症，因為沒有冒險過的人生，哪會充滿動力呢？

北海岸風景區位置居於台灣最北端，主要風景點均沿著省道台二線分佈，從淡水到基隆長達 70 公里的海岸線，沿途風景超美的，有岬灣、海崖、海蝕臺等等，地貌景色變化多端。

金山老街

許下對自己的承諾後，整裝帶著大叔沿北海岸騎行，今天從萬里騎到金山，一路平穩順暢。通過野柳之後，來到了金山風景線，騎程距離不遠，一路的風景如此美麗，錯過太可惜；在野柳的美景讓我們忘了午餐時間，二話不說轉進金山老街搜尋美食。

老街散發著小巧悠閒的風情，首棟百年藥店，便深深抓住我們的眼神——博愛中藥舖，百年歷史的黑檀木桌椅、清末燒製的陶瓷藥罐、斑駁的杉木藥櫃、長期搗藥材磨粉而凹陷的老櫃檯以及數百種中藥材的香味，讓人一進舖內即感受時代的氛圍；可惜的是負責管理的李秋香阿姨說，老屋的結構因年久失修已經快要倒塌了，希望能與政府合作將這百年的屋子保存起來，讓中藥舖傳承的不只是醫術，更是一份深厚的台灣文化內涵。

因肚子太餓跟阿姨告別後，我像是地頭蛇似地帶大叔去吃金山冰烤蕃薯，嘗試各種蕃薯的可能性，並解釋台灣的造型就像蕃薯，蕃薯也代表本土的意象。記得小時總是聽媽媽說，她幼年時吃的是「蕃薯粥」、「蕃薯飯」，配的是「蕃薯葉」……蕃薯（地瓜）陪伴著台灣度過漫長的情感歲月。

既然來到金山，當然不能錯過廟口鴨肉，由於生意實在太好了，店家租下附近幾個住宅的一或二樓，於是最常出現的奇特景象便是食客們自己端著大盤小盤的菜肴，在老街裡穿梭。

S大叔嘖嘖稱奇：「台灣人真的很好呢，不會拿著鴨肉就跑了！這在法國不可能發生的。」哈哈哈哈，這也算是台灣民情的驕傲，因為我們既友善又誠實。廢話不多說，飛快點了一盤鴨肉、兩人分享，用鮮嫩多汁的的美食，餵飽飢腸轆轆的肚子！

士林夜市

悠閒地將北海岸碩果僅存的清代老街走透透之後，時間已不早了，我們搭上國光巴士，一路瀏覽窗外的景色，而回到台北時，天還微亮著。依照計畫，最後一站是鼎鼎大名的士林夜市，沿著街道往夜市方向前進，大叔直問：「士林夜市在哪？要走很遠嗎？今天不是假日，人應該不會很多！而且現在已經九點了！」

我轉頭看了他一眼：「你真的太小看台北這個不夜城，也太小看台灣夜市的威力了，這一個是無敵大，跟著人群走你就知道了……」

幾分鐘後，S 以他那再度抽搐的下巴，進入「人山人海」的士林夜市，忙碌地東看看、西吃吃，一直到接近半夜，才再度撐破肚子地離開這裡。

「那是什麼？」大叔突然看見一個粉紅色的台子上，坐著一位正妹在不停招手。

「她在賣飲料？」

「那東西是賣飲料的？！」

「是啊！」

「是賣飲料，還是看美女？」

「就看你了！你想去買嗎？這是台灣正妹文化，只有要正妹，賣什麼都可以成功！舉凡飲料、豆花、雞排、3C……」

「那妳在台灣是正妹嗎？」

「不是！」

「啊啦啦、那我們作什麼都不會成功。」

「…………………………」

小折記事

　離開士林夜市後，回到公寓、放下小折，剛開始因為過度疲累都沒說話，默默梳洗一番後，坐在床邊互相對看，就猛然在房裡蹦蹦跳跳地擁抱尖叫：「我們完成了！竟然完成了！好開心喔！」（我要灑很多花 ing）

「真的完成了！雖然不是環繞整個台灣、也不是整段都是騎著單車，但是我們完成了！背著小折嘗試了很多不同的交通工具，認識了很多路人，好有趣喔！」大叔都快流下男兒淚了。

「我們辦到了！」因一路上台灣給予的友情，這四天激起了無比「熱血愛呆丸」的心。

小折騎完後

小折騎完後，總共花了好長的時間，我們不眠不休地將四天回憶製作成影片，以很低成本的 2 人製作小組、一台 7 年的小型家庭攝影機、一台蘋果電腦加上好幾卷 DV 帶。最後雖然在網友的投票支持下，我們拿了第一名，但在評審那關僅獲得了深度旅遊獎。不過人生無法以輸贏評斷，競賽也總是這樣幾家歡樂幾家愁。

開心的是這一路上，我和 S 大叔跑了不少地方，體驗了不少台灣的人情味，也努力地想讓更多朋友看見台灣的美麗。

S 大叔說：「這是我唯一能為妳、為這片土地做的事。」
「大叔、謝謝你認真地在這裡生活。」

我們的旅行影片也透過無邊界的網路，漸漸傳到世界的各角落，之前有瑞士的朋友忽然寫信來問 S 大叔：「你在進行什麼活動嗎？我在某地方看到你在影片上騎腳踏車。」

還有一次，大叔從泰國飛回台灣的旅途上，遇見一個美國人和一位離家的台灣女孩，女孩座位剛好在大叔旁邊，她看著大叔忽然說：「你是那個台灣台灣影片的主角，我看完超感動的，也想騎單車逛台灣！」美國人這時轉過頭看著大叔說：「啊～原來你是台灣的名人！」
「……我不是，我只是拍了影片。」於是大叔說著台灣旅行的故事。

這對我來說真的太驚奇了！因為我們努力地把台灣印象傳出去，而看到影片的朋友都喜歡上台灣，這是我們當初的訴求，熱血地愛台灣！如果你們好奇影片在哪裡，請在電腦前孤狗一下關鍵字：「騎小折逛台灣」，你就會發現我們在網路上了，歡迎一起來愛呆丸啦！

老法說：「台灣是我的家」！！

我們在台北的生活

我們在台灣生活的一年裡，除了四處旅行之外，多數時間是待在台北，我是個中南部小孩，出門旅行前也曾在台北生活一、兩年，但我無法硬著頭皮說：「我愛台北。」那潮濕的空氣、總是灰灰的天空、人們匆忙的腳步……其實更多時候，我是不知道怎麼面對台北的。然而，台北有一種獨特的城市風情，那不是美麗，但卻忘不掉。對大叔來說，身為一個南法人，他也無法融入這樣的台北城，但離開後，卻會想念台北的生活，不過，他也說以後若要住台灣，他會選擇其他的城市，多點陽光、慢一點腳步。

剛開始我們到了台北，時間緊迫地想在離師大不遠處找一個家，但選家就像選丈夫一樣，除了看對眼之外，還要合得來，整整花了三天從早走到晚，一直沒有找到尬意的。記得第一間看屋是在台大附近，帶路的是一位客氣且能說點英文的溫媽媽，我們彎進一條烏黑的小巷弄，爬上三層鐵製樓梯，穿過超窄的穿廊，在那小小的角落有扇門，溫媽媽笑笑地說：「這間格局小了點，算你們八千就好了。」打開門那一剎那，誰都沒講話，只有隔壁傳來陣陣的電視聲，那是一間沒有窗戶的三坪大房間，放著超大衣櫥、超大雙人床、書桌上有一台超大舊電視，以及房內僅容一個人通過的連接浴室的小走道。

「嗯、沒有廚房嗎？」S 開口說了第一句話，這句話更讓人再度沈默了 30 秒，天啊！這是什麼問題？我看著溫媽媽一臉鐵青地說：「廚房？台灣的套房沒有廚房的，台北的公寓價格一個月起碼要兩萬，樓下就是夜市，吃飯很方便的。」

「但我喜歡煮我愛吃的，而且在台灣不自己煮飯能節省預算嗎？」

「又不是大家庭，兩個人煮飯比吃便當還貴，我們不煮飯的……」我緊急接了話。

「便當是什麼？」這老法一有問題，就不恥下問地開始問了起來。

「就是一個盒子裡面飯有肉又有菜。」說完後我馬上笑笑告訴溫媽媽：「我們考慮看看，謝謝你撥空帶我們，這價錢不錯，但房間太小了，可能住不下兩個人，他想要一個廚房。」然後拉著 S 快速逃離那狹窄的巷弄。

其實那套房一點都不通風，還接著熱水器，最不安全的是那昏暗的巷弄根本無法逃生，而 S 竟然問的是：「有沒有廚房？」一點建設性都沒有的問題？！也不問問有沒有網路、第四台、水電等等民生問題，況且我們時間、金錢也不多，哪可能找到有廚房的家，我心中 OS 不斷在發酵，這時我猛然停下腳步轉頭看著他……

「對不起我發火了！」我經常忘記身旁的他是一位貨真價實的老法，一個看待食物比什麼都重要的法國人，一個把晚上時間都花費在「吃」這件事的國家，對他們來說盡情享受食物的色香味，猶如女人買 LV 時，所享受的快感一樣，這樣的法國人，他還沒習慣台灣的生活、他還不知道台灣夜市的美味。

「我只是想找個『家』，可以真正生活一年的屋子。」S 看著我。

「我知道、我會盡量的，但機會很小。」

對老法來說，沒有廚房似乎比沒有網路、電視還可怕，雖然這一段找房子的歷程裡，他驚訝地發現到儘管租貸的房間再小、再黑暗，台灣遊子們都可以堅強地生活下去，但沒有網路的世界，對台灣人來說如同斷手斷腳一樣恐怖。「廚房」V.S「網路」，就像是「法國」V.S「台灣」一樣，目前局勢只能選邊站。我們在最後底限內，透過仲介小姐的幫忙，找到了一間小套房，

終究是沒有廚房的房子，但起碼有個可以打開看著藍天的窗戶。我笑笑看著 S 有點失落的表情說：「別擔心、我有大同電鍋，它會是我們的廚房。」

手牽著手走到景美夜市，排隊買隊伍超長的烤肉，站在一旁聊天等待叫號，這一直都是台灣名店買物的流程，然後到一旁點上兩杯便宜到靠腰的西瓜汁，到幾步不遠的二輪戲院，看著今晚消磨時間的會是什麼電影……這是台北的假日時光。

有時，我們是在北門相機街上有一搭沒一搭地看著相機，幻想自己有一天可以得到心中的那一顆鏡頭，買不起，看看也好，或者讓我們試試、摸摸都好。

有時我們是在光華商場為了一顆硬碟、拼命比價，結果又什麼都沒買地回家，

發現網路上 24 小時到貨的商店，比我們看到眼睛都快脫窗的物品還便宜，最後在網路上熬夜血拼。

有時我們會到 101 附近去走走、有時則是到中正紀念堂去坐著，有時隨意地搭上捷運，然後找一站下車，開始走路閒逛、有時也只是什麼都沒做，只是看著台北這個城市，然後 S 大叔會穿上鞋子，開始在雨中慢跑。

這是我們，在台北的生活，還有偶爾的笑鬧日子。

‥ S 大叔簡短說

La petite Taiwan a un charme à ne pas négliger, beaucoup d'étrangers viennent au départ juste pour étudier, pour un stage, ou pour un boulot à durée déterminé, et au final, restent pour plusieurs années, voir une vie.

Taiwan est mystérieuse, ne se laisse pas conquérir facilement, il faut du temps pour vraiment l'apprécier, mais quand elle vous tient, il est difficile de s'en détacher.

Bref, n'hésitez pas à prendre seulement un allé simple pour venir

這個小島——台灣，有著讓人無法忽視的魅力，許多外國人剛開始來到台灣，只是為了學習、實習或一份固定聘期的海外工作，可是最後卻離不開這裡，甚至選擇定居在台灣。

因此台灣是神秘的，剛開始你無法輕鬆地解開這團謎題，並且需要一些時間才能真正地生活、瞭解這片土地上，然後當它在不經意間擄獲你的心，那時便將很難分開彼此。

總而言之，不要顧慮太多，買上一張單程機票就過來吧！

熱
血
!!
■ 愛呆丸

寫在離開之前

謝謝家人無盡的愛以及我們熱愛的呆丸！

我們即將踏上未知的旅程，台灣則是我們永遠的後盾。

當初開始提筆寫旅行台灣的故事時，才發現是多麼困難的事，它不像是一個空白的旅人到了嶄新的國度、期待有新發現，可以有很多新奇的事物跟你們分享。因為我筆下的國家，是我成長的地方，而隨著年紀的增長，我漸漸地把周遭的人事物，視作理所當然，我要怎麼去訴說自己的家園呢？

因此，動筆時讓我腦子空白了很久，最後決定就讓我跟 S 大叔在台灣生活的故事取代景點介紹，用我們最平實的日子、用 S 大叔這個來自國外的思索，使我重新看待台灣這片土地，去瞭解我習以為常的事物有多麼的美麗！儘管如此下定決心紀錄旅行台灣的故事，但這本書的書寫時間卻長達兩年，如同環境越艱困，花越開得絕豔。這本書的文字隨著我至印度、緬甸、泰國、日本、尼泊爾，旅行的途中緩慢一字一筆地將回憶轉成文字，卻要面對電腦當機、硬碟損毀等等一連串的打擊......在我腦子快長出膿包、不想去面對文字消失的窘境時，S 大叔給了我很多的鼓勵，而我這老母雞終於把蛋給孵化了。

我很開心人生的第一本旅行紀錄，給了台灣。

而在書籍出版前，S 大叔因台灣簽證以及旅行經費告竭的原因，前往加拿大打工，這一走可能是他這幾年離台灣最遠的路程了。離開前，S 大叔擁抱了我的母親，然後說：「謝謝阿姨！（中文）。我真的感激妳給我一個溫暖的屋簷跟每一餐！在我的國家，不是這麼容易進入一個家庭，並且能得到這麼溫馨的擁抱，所以謝謝妳！」說了聲道別，大叔拿起背包，對我說：「好像回到五年前離開法國的心情。」這時的我眼眶有著淚水：「我知道、我們每一次的分開都不確定會在哪裡相聚，但請你記得我們在台灣有個家。」那是我家人溫暖的懷抱，這也會是 S 大叔的。

我們在台北
的生活

我知道、我們每一次的分開都不確定會在哪
裡相聚，但請你記得我們在台灣有個家。

新竹尖石峇里
森林溫泉渡假村

玩內灣 走森林 泡尖石 吃鱒魚

新竹尖石 峇里森林溫泉渡假村

愛呆丸優惠券

玩內灣 走森林 泡尖石 吃鱒魚

313新竹縣尖石鄉嘉樂村14鄰160號
T:(03)5842996 F:(03)5842730

新竹尖石峇里森林溫泉渡假村

玩內灣 走森林 泡尖石 吃鱒魚

折價卷使用規則

1.住宿：平日入住當日房價再打95折（平日入住定義：周日至週五）
2.用餐：現場用餐95折。
3.泡湯：不分平假日當日價格再打95折。
4.使用期限至2012年6月30日，逾期無效。
5.此卷影印無效，且不得重複使用。

（以上優惠一律周六及國定連續假期不適用，如農曆春節、清明節、母親節、端午節、中秋節、父親節等）

營業時間以現場規定為主，或可事先電話查詢，電話：(03)5842268#110、111

K 凱特文化

讀者回函

敬愛的讀者您好：

感謝您購買本書，只要填妥此卡寄回凱特文化出版社，我們將會不定期給您最新的出版訊息與特惠活動資訊！

您所購買的書名：熱血！！愛呆丸

姓　　名 ＿＿＿＿＿＿＿＿＿＿＿＿＿　性別 □男 □女

出生日期　＿＿＿年　＿＿＿月　＿＿＿日　年齡 ＿＿＿＿＿＿＿

電　　話 ＿＿＿＿＿＿＿＿＿＿＿＿＿＿＿＿＿＿＿＿＿＿

地　　址 ＿＿＿＿＿＿＿＿＿＿＿＿＿＿＿＿＿＿＿＿＿＿

E-mail ＿＿＿＿＿＿＿＿＿＿＿＿＿＿＿＿＿＿＿＿＿＿

＿＿＿＿ 學歷：1. 高中及高中以下　2.專科與大學　3.研究所以上

＿＿＿＿ 職業：1.學生　2.軍警公教　3.商　4.服務業

　　　　　　　5.資訊業　6.傳播業　7.自由業　8.其他

＿＿＿＿ 您從何處獲知本書：1.逛書店　2.報紙廣告　3.電視廣告　4.雜誌廣告

　　　　　　　　　　　5.新聞報導　6.親友介紹　7.公車廣告　8.廣播節目

　　　　　　　　　　　9.書訊　10.廣告回函　11.其他

＿＿＿＿ 您從何處購買本書：1.金石堂　2.誠品　3.博客來　4.其他

＿＿＿＿ 閱讀興趣：1.財經企管　2.心理勵志　3.教育學習　4.社會人文　5.自然科學

　　　　　　　　6.文學　7.音樂藝術　8.傳記　9.養身保健　10.學術評論

　　　　　　　　11.文化研究　12.小説　13.漫畫

請寫下你對本書的建議：＿＿＿＿＿＿＿＿＿＿＿＿＿＿＿＿＿＿＿＿＿＿

＿＿＿＿＿＿＿＿＿＿＿＿＿＿＿＿＿＿＿＿＿＿＿＿＿＿＿＿＿＿＿＿

＿＿＿＿＿＿＿＿＿＿＿＿＿＿＿＿＿＿＿＿＿＿＿＿＿＿＿＿＿＿＿＿

＿＿＿＿＿＿＿＿＿＿＿＿＿＿＿＿＿＿＿＿＿＿＿＿＿＿＿＿＿＿＿＿

＿＿＿＿＿＿＿＿＿＿＿＿＿＿＿＿＿＿＿＿＿＿＿＿＿＿＿＿＿＿＿＿

廣　告　回　信
板　橋　郵　局　登　記　証
板　橋　廣　字　第　８３６　號
免　貼　郵　票

新北市23660土城區明德路二段149號2樓

凱特文化創意股份有限公司　收

姓名：

地址：

電話：

國家圖書館出版品預行編目資料｜熱血!! 愛呆丸／TOBY（黃婷璟）著。—初版—新北市。凱特文化，2011.08。面；公分—（愛旅行；49）。ISBN 978-986-6175-35-0（平裝附）。
1. 台灣遊記　733.69　100014355